Praxiswissen

H0378808

Englische Bulldogge

Alles was Sie wissen müssen, zur Geschichte, Haltung, Pflege, Welpen, Ernährung, Erziehung, Beschäftigung und Glücklichsein.

Wissen von A-Z
vom Welpen zum
glücklichen Hund.

English Bulldog Bild 3 John McAllister (Cole123RF ©123RF.com)

Herausgeber:
Toorpedo Verlag Foerster
www.toorpedo.de

ISBN-13:978-1536990607
ISBN-10:1536990604
Printed by createspace

Copyrights: Alle Inhalte dieses Buches sind urheberrechtlich geschützt

Umschlaggestaltung: M.Foerster
Umschlag Bildlizenz:
lunja, ecuadorpostales, svet_lana,
cole123rf, olgacov©123rf.com

Autor: Ferdinand von Reukewitz /co
Kerstin Schmidpeter
Mitarbeit: A.Reiffert, H.Luckas, R.Leuschner
Lektorat: A.Anthofer, P.Bartholome
Redaktion www.tierischehelden.de

Inhalt

Inhalt

Liebe Bully Freunde,

Herzlich Willkommen

Wir möchten Dir mit unserem Ratgeber alle wichtigen Informationen zur Rasse der Englischen Bulldogge zur Seite stellen um Dir das erforderliche Praxiswissen an die Hand zu geben, welches Du benötigst um einen Bully zu verstehen und gesund zu halten.

Wir sprechen hier neben der englischen Bulldogge auch einige ähnliche Bulldog Rassen und Zuchtlinien an. Unser Praxisratgeber ist unabhängig von der Zuchtsituation, von Züchtern und Zuchtvereinen und richtet sich an den interessierten Bully-Freund, den Erstkäufer sowie den privaten Liebhaber und Halter dieser Rasse.

Wir wünschen Euch viel Spass beim Lesen und viel Freude im Umgang mit Euren Hunden.

Ferdinand v. Reukewitz

Warum ein English Bulldog?

Die englische Bulldogge zählt zu den Rassen die durch Ihren eigenständigen, ja fast menschlichen Charakter ein treuer und gleichzeitig wachsamen Begleiter für Dich sein können, finde mit uns zusammen heraus ob die Englische Bulldogge die für Dich geeignete Rasse ist.

Lass Dich von unserem Buch begeistern, Bullys sind für ein ruhiges Familienleben wie gemacht und wenn Du dich auf Sie einlässt werden Sie Dir ein Hundeleben lang ein treuer und ehrlicher Begleiter sein

Danksagung

Unser Buch ist aus vielen eigenen Erfahrungen mit unserem Bully und vielen Gesprächen mit Liebhabern, Züchtern, Tierärzten und Hundetrainern entstanden. Dafür bedanken wir uns bei allen ganz herzlich, besonders bei Ralph Schreiner, Yvette Brain, Familie Luckas, Rene und Susann Leuschner und Heiner Wantischek, die uns mit Rat und Tat, Fotos und vielen wertvollen Tipps und Inhalten unterstützt haben.

Bully Familie, Bild35.36 John McAllister (Cole123RF©123RF.com)

„Ich vergesse nie diesen

Augenblick,

mein Staunen, als ich das erste Mal

in diese **großen treuen Augen**

sah, meine Liebe zu diesen sanften

freundlichen Tieren war geboren„

Dafür bin ich dankbar.

Bulldog, Bild13 (feedough©123RF.com)

Geschichte der Englischen Bulldogge

Der Bully als unverkennbarer Nationalhund Großbritanniens

Bevor ich Dich über die Besonderheiten der Englischen Bulldogge und ihrer Geschichte aufkläre, steht die äußere Erscheinung des Bullys im Vordergrund. Ebenso wie ihr gutmütiger Charakter stellt das Aussehen des Hundes einen unverkennbaren Faktor dar. Seine charaktervollen Falten gehören ebenso zu ihm wie sein typisch tapsiger Gang.

Beide Eigenheiten prägen das Bild der Rasse. Sie machen die Englische Bulldogge zu einem einmaligen Charakterhund. Der massige Körperbau des "English Bulldog" wirkt aufgrund der geringen Größe des Vierbeiners noch kompakter.

Mit einem durchschnittlichen Gewicht von guten 25 Kilogramm gehört das Tier zu den schweren Hunden. Vorwiegend der Brustkorb des Bullys erscheint als muskulöseste Körperstelle, wobei die Hinterläufe mitunter zierlich wirken. Aufgrund der kurzen Beinchen verfügt die

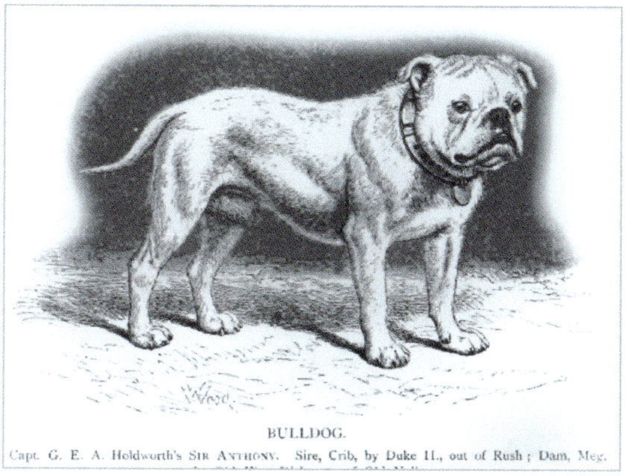

Bild: English Bulldog Sir Antony, 1889 Dalziel's British Dogs

Englische Bulldogge über einen individuellen Laufstil. In bestimmten Situationen wirkt dieser komödiantisch und bringt den Hundebesitzer oftmals zum Lachen.

Das kurze und dichte Fell des Bullys ist von feiner Struktur. Es besteht aus glatten und feinen Härchen. Streichelst Du eine Englische Bulldogge, spürst Du die sanfte Beschaffenheit des Pelzes.

Die gängigen Rassestandards verlangen ein geschecktes oder gestromtes Fell. Oftmals kommt die Nuance Rot in verschiedenen Schattierungen vor. Ebenso existieren die Farbschläge Falb und Rehbraun.

Die Mehrzahl der Englischen Bulldoggen kommt mit breiten weißen Flecken, die sich vorwiegend am Bauch und im Gesicht befinden, daher. Die Farbe Schwarz ist bei den Züchtern unerwünscht.

In der Regel verfügt der Bully über einen mäßig großen Kopf in massiger Form. Dabei stellt die charakteristische kurze Schnauze ein typisches Merkmal für den Bully dar. Auffällig ist die breite Brust des Vierbeiners. Des Weiteren erscheint das schmale Hinterteil als typische Eigenheit der Rasse.

Ihre kleinen Ohren sitzen hoch auf dem Kopf und stehen weit auseinander. Zudem erkennst Du deren spezielle Form, weshalb sie sich "Rosenohren" nennen. Klein und dünn erinnern sie an ein Rosenblatt. Im besten Fall stehen sie schräg über den seelenvoll dreinblickenden Augen des Bullys.

Die Rute des Hundes sitzt tief und tritt an der Wurzel gerade aus. Im späteren Verlauf verdeutlicht sich die nach unten gebogene Form des Körperteils. Laut den FCI-Rassestandards existieren diverse unerwünschte Rutenformen.

Dazu gehört eine fehlende Rute ebenso wie das eingewachsene Organ. In der Fachsprache nennt sich Letzteres "Korkenzieher-Rute". Von anderen Hunden hebt sich der Bully aufgrund seiner besonderen charakterlichen Eigenschaften ab.

Das macht einen Bully aus:

- den liebenswürdigen Eigensinn
- seine Aufmerksamkeit
- seine kühne Verwegenheit
- seine liebenswürdige tapsige Art
- seine feste Loyalität
- seine Unbestechlichkeit
- sein unerschrockener Mut

Des Weiteren stellt das grimmige Aussehen des Vierbeiners ein typisches Merkmal, das bei einem Bully nicht fehlen sollte, dar.

Viele Falten, kleine Öhrchen und ein niedlicher Stummelschwanz – diese Kriterien zeichnen die Englische Bulldogge aus.

Mittlerweile gilt der unverkennbare Vierbeiner als Kultobjekt, sodass er in Film und Fernsehen Beachtung findet.

Neben dem charakteristischen Äußeren stellt das liebenswerte Wesen der Englischen Bulldogge einen Hauptgrund für ihre Beliebtheit dar.

Bully Bild35.5
(isselee©123RF.com)

Die Englische Bulldogge – ursprünglich wie ihr Heimatland

Die Geschichte der Englischen Bulldogge beginnt laut historischer Abschriften beim Mastiff, einer typisch englischen Hunderasse, die aufgrund ihres massigen Körperbaus Aufsehen erregt. Der englische Mastiff fungiert als Ursprung für zahlreiche andere Hunderassen.

Neben der Englischen Bulldogge stehen hierbei beispielsweise die Deutsche Dogge sowie der Boxer im Fokus. Der Bully stellt eine verkleinerte Version des Mastiffs dar.

Bereits die alten Kelten züchteten das besondere Tier, damit es ihnen Haus und Hof bewachte. Sie kamen zusammen mit ihren Vierbeinern auf die Britischen Inseln. Somit verfügt die Englische Bulldogge über eine weit zurückreichende Geschichte, die den Hund als englisches Urgestein ausweist.

Ebenso wie die schroffe Schönheit Großbritanniens bewahrte sich die Englische Bulldogge ihren rauen Charme. Gleichzeitig gutmütig und willensstark vereint dieser beste Freund des Menschen wichtige Eigenschaften, die ihn als Familien- und Wachhund auszeichnen
Ihren Ursprung hat die Englische Bulldogge vermutlich im sechsten Jahrhundert vor Christus. In dieser Zeit trieben die Phönizier

Historische English Bulldog Bild 1500. Urheber: Dmitrii Bachtub phantom1311 / 123RF.com

Handel mit Britannien und brachten aus Levante ihre Molosser mit. Die Hunde überzeugten aufgrund ihres kräftigen Körperbaus und ihres robusten Wesens. Durch eine Kreuzung der Molosser mit den doggenartigen Vierbeinern der Briten, den Mastiffs, entstand die Englische Bulldogge, wie Du sie heute kennst.

Allerdings verfügten die Tiere zur damaligen Zeit über längere Beine und einen schlankeren Leib. Durch weitere Einkreuzungen mit den Mastiffs veränderte sich allmählich das Äußere des charakteristischen besten Freundes des Menschen.

Seine erste Erwähnung fand der Hund im 13. Jahrhundert, wobei sein Name "Bonddog" lautete. Hierbei existieren zwei Theorien, welche die Bezeichnung erklären. Laut einer Hypothese stammt der Ausdruck "Bond" vom gleichnamigen englischen Wort, das in der deutschen Übersetzung "fesseln" bedeutet. Als Treib- und Schutzhund verfügt die Englische Bulldogge über einen starken Charakter und einen ausgeprägten Instinkt.

Sobald sich ein Fremder dem Hof näherte, reagierte der Vierbeiner aggressiv, um den vermeintlichen Störenfried zu verbellen.

Daher war es oftmals nötig, die Englische Bulldogge anzubinden, damit sie Passanten nicht angriff. Die wahrscheinlichere Herkunft ihres Namens kommt vom Wort "bold", dessen Übersetzung "kühn" lautet.

Hierbei weist der Begriff auf den mutigen Charakter der Englischen Bulldogge hin.

Im 15. Jahrhundert trug die Englische Bulldogge den Beinamen "Sauhund", wobei es sich bei diesem Begriff nicht um eine Schmähung handelte. Stattdessen nutzen adelige Jagd-Gesellschaften den vom Molosser abstammenden Vierbeiner als Treiber bei einer Hatz.

In der Regel trainierten die Jäger ihre Hunde darauf, Wildschweine zu stellen und diese mit einem Sprung an die Kehle von den Füßen zu reißen. Daher durften die damals auch als "Packer" bekannten Rassehunde bei keiner Jagd fehlen. Im Gegensatz zu den gemeinen Jagdhunden, welche der Gesellschaft vorauseilten, um das Wild zu wittern, blieb die Englische Bulldogge stets in der Nähe der Reiter.

Dabei kam es darauf an, das Tier an der Leine zu behalten, damit es die Beute nicht vorzeitig angriff. Auch hierbei zeigt sich der Bezug zum englischen Namen "Bonddog". Sobald die Jagdhunde den Keiler stellten, ließen die Jäger ihre Englischen Bulldoggen von der Leine. Die Vierbeiner verbissen sich in dem Wildschwein, sodass ihre Besitzer das Wild problemlos mit einer Lanze erlegen konnten. Aufgrund ihrer Fähigkeit als Treiber und Packer erhielten diese besten Freunde des Menschen ein hohes Ansehen, bis es zur Erfindung der Schusswaffe kam.
Ohne den Zwang, den wilden Keiler mit einer Lanze zu töten, brauchten sich die Jäger nicht länger in die unmittelbare Nähe des Beutetiers zu begeben.
Daher verlor die Englische Bulldogge ihre Aufgabe und somit ebenso rasch an Bedeutung in den adeligen Jagdgesellschaften. Allerdings kannte das Volk den Mut und die Angriffslust des Vierbeiners, sodass die Menschen diese Hunde zu ihrer Unterhaltung auf gefangene Bären oder Wildschweine hetzten.

Bild: Bulldog, 1790, Philip Reinagle (1749-1833)

Um die Kämpfe öfter stattfinden lassen zu können, wählten die Züchter der Bulldoggen als Beute bald die billiger zu haltenden Bullen.

Ihr heutiger Name tauchte aus dem Grund das erste Mal im 17. Jahrhundert auf. In dem Zeitraum fungierte der besondere Rassehund als Bullenbeißer, wobei es sich um seine Bezeichnung als Kampfhund handelte.
Die mittlerweile verbotene Sportart trug den Namen "Bullbaiting".

Damit der Vierbeiner sich gegen den tierischen Gegner durchzusetzen vermochte, benötigte er Mut und eine gewisse Portion Aggressivität. Daher kannst Du Dir vorstellen, dass die Besitzer der Hunde diese zusätzlich reizten, um sie anzustacheln. Die wichtigsten äußerlichen Merkmale der Englischen Bulldogge bestanden bereits im 17. Jahrhundert in:

- einer kurzen Schnauze,
- einem kräftigen, breiten Kiefer,
- in der zurückgenommenen Nase.

Letztere erhielt aufgrund einer speziellen Kampfart des Rassehundes Priorität. Die Besitzer drillten die Englische Bulldogge darauf, dem Bullen in die Nase zu beißen. Aufgrund der kurzen Schnauze mit der eigenen zurückgenommenen Nase bekam der Hund auch in der Position ausreichend Luft.
Daher verfügte er über die Fähigkeit, den Gegner mühelos auf den Boden zu ziehen und auf die ungeschützte Kehle loszugehen.

In seinem Buch "Kampfhunde" berichtet der Autor Dieter Fleig vom außergewöhnlichen Mut der englischen Bulldogge. Die Tiere verfügten über einen Kampfgeist, der es ihnen ermöglichte, selbst mit Verletzungen durch die Hörner der Bullen auf den tierischen Gegner loszugehen. Die Vertreter dieser Rasse, die sich bereit zeigten, bis zum Tod zu kämpfen, bezeichneten die Trainer als "game".
Damit galt der betreffende Vierbeiner als echter "Bulldog". Sobald sich ein Tier jedoch nicht in die Nase, sondern beispielsweise in die Beine des Bullen verbiss, sahen ihnen die Trainer als unrein an.
Daher folgte der Ausschluss von weiteren Kämpfen, was zur damaligen Zeit einem Todesurteil gleichkam.

"Crib and Rosa" circa 1817 Abraham Cooper (1787-1868) Bild gemeinfrei

Nach dem Event schlachtete ein Metzger den gehetzten Bullen, wodurch die Züchter die Gelegenheit bekamen, ihre Welpen an das Bullenblut zu gewöhnen. Sie sorgten dafür, dass sich die kleinen Englischen Bulldoggen in den noch blutigen Schädel des Bullen verbissen. Auf diese Weise bereiteten sie die jungen Hunde auf ihre späteren Einsätze vor.

Zukünftig kam es zunehmend mehr zu Hundekämpfen gegen größere Tiere. Ebenso erfreuten sich die Menschen am Ende des Jahrhunderts an dem Kampf Hund gegen Hund.
Hierbei achteten die Züchter auf ein vergrößertes Aggressions-Potenzial ihrer Vierbeiner, deren äußerliche Merkmale sich im Allgemeinen von der heutigen Englischen Bulldogge unterschieden.

Kennst Du den aus Großbritannien stammenden Rassehund als mittelgroßen Vierbeiner mit einem liebenswerten Gemüt, präsentierte sich das Tier zu Beginn des 19. Jahrhunderts als kompakter Kämpfer. Daher wiesen die damals als "Bulldogs" bezeichneten Hunde keine große Ähnlichkeit mit den heutigen Vertretern dieser Art auf.

Ab dem Jahr 1835 erreichten die blutigen Hundekämpfe den Gipfel ihrer Beliebtheit. Daher kreuzten die Züchter Terrier in die bis dahin existierenden Bulldoggen-Stämme ein. Die Veranlagung der Terrier sorgte dafür, dass sich der Körperbau der Englischen Bulldogge drastisch veränderte. Die Welpen wiesen einen breiten Brustkorb und eine schmalere Taille auf.
Allerdings entstand im Jahr 1858 ein komplettes Verbot für die Hundekämpfe in Großbritannien. In der Folge verschwand auch die Rasse der Englischen Bulldogge beinahe komplett.

England - Bärenkampf in Charley's Theater
in Westminster, London
Bild gemeinfrei, English Artist, 1785-1851

Aus dem Kampfhund wird ein liebenswerter Gefährte

Ausschließlich dem 1864 gegründeten "The Bulldog Club" ist es zu verdanken, dass Du auch heute noch Englische Bulldoggen bewundern kannst. Bei dem besonderen Verein handelte es sich um den weltweit ersten Rassehunde-Klub. Die Erhaltung des charakteristischen Vierbeiners stand bei den Mitgliedern der Vereinigung im Vordergrund, sodass sie die ersten Rassestandards festlegten.

Obgleich sich der Klub kurze Zeit später auflöste, blieben diese Standards erhalten und sorgen in der heutigen Zeit dafür, dass die Englische Bulldogge sich zunehmend mehr zu einer Kult-Rasse entwickelt.

Mit dem Verschwinden der Hundekämpfe veränderte sich das Züchtungsziel bei den Englischen Bulldoggen gänzlich. Das betraf nicht ausschließlich ihre äußere Erscheinung, sondern ebenso ihren Charakter. In dem Jahr 1875 entstand der "Bulldog Club Incorporated", der anstelle des "The Bulldog Clubs" die Züchtung des Rassehundes übernahm.

Die jeweiligen Hundebesitzer legten statt des aggressiven Verhaltens ihrer Vierbeiner deren Verträglichkeit als Züchtungsziel fest. Der Grund bestand darin, dass die Bevölkerung keinen Nutzen in der Funktion der Englischen Bulldogge als Kampfhund sah. Stattdessen brauchten die Menschen einen gutmütigen und dennoch mutigen Gefährten, der ihre Häuser bewachte und Familien beschützte.

Vorwiegend bei den ärmeren Bauern und dem fahrenden Volk fanden die Vierbeiner ein Zuhause, sodass der einst gepriesene "Bulldog" bei der gehobenen Gesellschaft in Verruf geriet.

Bully, Bild10
(isselee ©123RF.com)

Rasseportait der Englischen Bulldogge

Welche Schönheits-Ideale zeichnen den Bully heute aus?

Innerhalb der langen Geschichte der Englischen Bulldogge veränderte sich ihr Schönheits-Ideal immer wieder. Einige Züchter bevorzugten den massigen Körperbau der Vierbeiner und setzten daher ihre molosserartigen Eigenschaften in Szene. Andere Züchter konzentrierten sich auf die im Gesicht befindlichen Falten, die der Englischen Bulldogge eine unverkennbare Note verleihen. Daher gründete sich mehrere Jahre nach dem "New Bulldog Club" der "British Bulldog Club". Beide Vereine setzten sich die Verbesserung der Hunderasse zum Ziel.

Um die Englische Bulldogge nachhaltig zu verschönern, probierten die zu den Klubs gehörigen Züchter verschiedene Einkreuzungen anderer Rassen.
Vorwiegend die Einzucht mit der spanischen Bulldogge sorgt für die markanten Merkmale, die Du vermutlich in der heutigen Zeit mit dem Bully verbindest. Beispielsweise kam es aufgrund der Besonderheiten der spanischen Bulldogge zu einer Vermehrung der Gesichtsfalten, die der Rasse zu eigen sind.

Aufgrund der vielen Falten sowie der aufgeworfenen Stirn verfügt die moderne Englische Bulldogge über einen leicht mürrischen Blick. Jedoch gehört dieser Gesichtsausdruck ebenso zum Vierbeiner wie sein gutmütiger Charakter. Daher verwundert es nicht, dass exakt diese Eigenheit dem Tier zu einer größeren Beliebtheit in der Bevölkerung verhalf. Zu Beginn des 20. Jahrhunderts galt der Bully schließlich als britischer Nationalhund.

Bully Familie, Bild14 (lilun©123RF.com)

Im Jahr 1901 gründete sich der erste Bulldoggen-Club in Deutschland. 75 Jahre später folgte der "Deutsche Club für Englische Bulldoggen", wobei sich beide Vereine 1977 zu einer Organisation zusammenschlossen.
Auf diese Weise entstand der "Allgemeine Club für Englische Bulldogs e.V.", der sich kurz ACEB nannte, dieser wurde im Jahr 2011 aus verschiedenen Gründen aus dem VDH ausgeschlossen und löste sich auf.

Bei den Züchtungen auf dem Festland änderten sich die Schönheits-Ideale dieser Rasse ebenfalls mehrmals. Das beste Beispiel stellt die Form der Rute dar, die sich über die Jahre drastisch veränderte. Nach einer säbelförmigen Rute wurde eine Form, die an einen Korkenzieher erinnert, modern. Erst im 20. Jahrhundert setzte sich die heute gängige gerade Rute als Rassestandard durch.
Um auch in europäischen Zwingern die Qualzucht der Englischen Bulldoggen zu vermeiden, gründete sich in der Schweiz das Projekt "gesundheitliche Verbesserung der Rasse English Bulldog".
Somit standen als Zuchtziel nicht länger die Ideale der Hunde-Ausstellungen im Vordergrund.

Die flache Schnauze und der massige Körper spielten eine untergeordnete Rolle. Vielmehr erhielt die Gesundheit der Tiere einen hohen Stellenwert. Demnach setzten heutige Rassestandards die Gesundheit der Englischen Bulldogge über das traditionelle Schönheits-Ideal.

Meine
Englische Bulldogge
...ein kraftvoller und
sehr treuer Begleiter!
Bully Bild32. (lunja©123RF.com)
Bully Bild32 lunja©123RF.com

Welche Besonderheiten machen den Bully aus?

Denkst Du an eine Englische Bulldogge, kommt Dir vermutlich ihr ausgeprägter Fang mit den hängenden Lefzen in den Sinn. Diese Charakteristik nimmt bei der Zucht des Vierbeiners eine herausragende Bedeutung ein. Besitzer eines Bully-Zwingers achten in der Regel darauf, dass die Welpen einen kurzen und aufwärts gebogenen Fang aufweisen. Von den Augenwinkeln bis zu Winkeln der Lefzen wirkt die entsprechende Hautpartie tief ausgeprägt, sodass das Gesicht der Englischen Bulldogge aufgrund seiner speziellen Form überzeugt.

Einige Vertreter dieser Art verfügen über eine Nasenfalte, die dem Namen nach oberhalb der Nase des Hundes liegt. Abhängig von ihrer Ausprägung erscheint sie auf den ersten Blick tief und teilt das Gesicht des Bullys waagerecht. Hierbei kommt es jedoch darauf an, dass die Nasenfalte sich in keinem Fall negativ auf die Nase oder die Augen des Bullys auswirkt. Demnach stellt das anatomische Merkmal ausschließlich ein optisches Highlight bei der Englischen Bulldogge dar, verfügt aber über keine weitere Bedeutung.

Es besteht die Möglichkeit, dass die Nasenfalte komplett fehlt. Zusätzlich beachten die Züchter, dass die Falte die Nase des Hundes nicht überdeckt.

Bild 64 (Patricio Hidalgo ecuadorpostales© 123RF.com)

Laut den Rassestandards gelten zusammengedrückte Nasenlöcher und schwere Nasenfalten als unerwünschte Erscheinungen bei der englischen Bulldogge.

Da es sich in der Regel beim Auftreten dieser Merkmale um eine Qualzucht handelt, sollten Käufen von solchen Tierne Abstand nehmen.

Ebenso erhält der Nasenschwamm der Englischen Bulldogge bei Ausstellungen einen hohen Stellenwert. Er präsentiert sich schwarz und breit, wobei die Farbe eine wichtige Komponente darstellt. In keinem Fall darf die Nase eine leberfarbene Nuance aufweisen.

Des Weiteren achten die Preisrichter darauf, dass der Nasenschwamm nicht rot oder braun ist. Die Nasenlöcher der Englischen Bulldogge erscheinen groß und breit. Hierbei kommt es darauf an, dass keine Hautfalten die Nase überdecken. Bekommt das Tier Probleme beim Atmen, handelt es sich ebenfalls um eine Qualzucht. Eine senkrechte Linie zwischen den beiden Nasenlöchern gilt als charakteristisches Merkmal für den Bully.

Siehst Du Dir Englische Bulldoggen zum Kauf an, empfiehlt es sich auf die Lefzen achten. Sind diese dick und hängend, entsprechen sie dem Rassestandard. Die jeweiligen Hautfalten erscheinen tief und überlappen den Unterkiefer auf beiden Seiten des Gesichts komplett.

Damit das Tier bei der Nahrungsaufnahme keine Probleme bekommt, schließen die Lefzen im besten Fall mit der Unterlippe ab.

Gelangt die Haut über die Lippen des Hundes, beißt er sich beim Fressen unter Umständen in diese Falten. Es besteht die Gefahr, dass sich das Tier schwerwiegend verletzt. Dies liegt vorrangig an dem Umstand, dass der Kiefer sowie die Zähne des Vierbeiners über eine außerordentliche Kraft verfügen. Aufgrund der kantigen und starken Knochenstruktur besitzt die Englische Bulldogge im wahrsten Sinne des Wortes Biss.

Als typisches Merkmal gilt der aufgebogene Unterkiefer, der den Oberkiefer ausschließlich leicht überragt. Zwischen den weit auseinander stehenden Fängen befinden sich im Regelfall sechs kleinere Schneidezähne.

Ihre Anordnung erfolgt in einer geraden Linie, sodass das Gebiss in einigen Fällen besonders breit wirkt. Jedoch spielt es bei der Rasse eine wichtige Rolle, dass Du die Zähne bei einem geschlossenen Maul des Bullys nicht siehst.

Ein Überbiss, der zu sichtbaren Zähnen führt, gilt als unerwünscht, da dies beispielsweise beim Fressen beeinträchtigt. Die Wangen verfügen über eine deutliche Rundung, die dem Kopf eine massive Note verleiht. Zusätzlich ragen die Backen seitlich über die Augen hinaus. Beispielsweise kannst Du diesen Umstand bemerken, wenn Du der Englischen Bulldogge direkt in das Gesicht schaust. Dieses weitet sich in der Mitte und läuft an Stirn und Kinn wesentlich schmaler zu.

Ein weiteres Merkmal stellen die tief liegenden Augen dar. Sie befinden sich mittig im Gesicht, wobei eine deutliche Entfernung zu den Ohren besteht.

Bei einer Ausstellung kommt es darauf an, dass die Seh-Organe mit dem Stop auf einer Linie liegen. Diese verläuft in der Regel in einem rechten Winkel zur Stirnfurche. Obwohl die Seh-Organe des Hundes weit auseinander-stehen, befinden sie sich in der Umrisslinie der Wangen.

Bully Bild1 (lunja©123RF.com)

Bully Bild37
(isselee@123RF.com)

Diese Tatsache erhält für das ausgeglichene Aussehen der Englischen Bulldogge einen wesentlichen Stellenwert. Zudem sind die Augen des Vierbeiners ausschließlich mäßig groß und rund, wobei sie nicht eingesunken erscheinen oder hervorstehen. Im Normalfall besitzen die Vertreter dieser Rasse dunkle Iriden, die Du eventuell als Schwarz wahrnimmst. Schaut der Hund geradeaus, zeigt sich in den Seh-Organen keinerlei Weiß.
Ebenso existieren im Bereich der Augen keine roten Stellen, die auf eine Krankheit derselben hinweisen. Zusätzlich stellen die kleinen Ohren des Bullys einen wichtigen Faktor bei den Rassestandards dar.

Die als "Rosenohren" bezeichneten Organe befinden sich an der höchsten Stelle des Schädels, was Fachleute als "hoch angesetzte Ohren" bezeichnen.
Die weite Entfernung der Augen von den Ohren prägt das Bild der englischen

Bulldogge, da es dem Gesicht des Hundes einen breiten Eindruck verleiht.

Des Weiteren stehen beide Ohren weit auseinander und präsentieren sich klein und dünn. An der hinteren Seite der Organe existiert eine Einfaltung nach innen, sodass die Ohren einen zurückgelegten Eindruck hinterlassen. Der vordere und der äußere Rand dieser anatomischen Merkmale zeigen nach hinten. Dadurch kannst Du das Innere der Ohrmuschel zum Teil bei einem Blick auf die Englische Bulldogge erkennen. Der Hals des Hundes ist mäßig dick, tief und stark. Neben der ausgeprägten und gewölbten Nackenlinie erhalten die Hautfalten an dieser Körperstelle des Bullys Relevanz.

Ein kleiner Kämpfer mit weichem Fell

Ebenso wie ihr typischer Körperbau stellt der Pelz der Englischen Bulldogge einen wesentlichen Standard dar. Die Haare des Hundes zeugen von einer feinen Struktur, wobei sie sich als kurz, dicht und glatt erweisen. Ausschließlich aufgrund ihrer geringen Länge wirken sie hart, wobei sie in keinem Fall drahtig erscheinen. Speziell im Bereich des Gesichts fühlt sich das Fell des Vierbeiners samtig an.

In der Regel verfügt die Englische Bulldogge über ein einfarbiges oder ein geschecktes Haarkleid. Bei den unifarbenen Tieren zeichnet sich oftmals eine schwarze Maske sowie ein schwarzer Fang ab, der sich unter Fachleuten Smut nennt.

Bei einem Rassehund kommt es darauf an, dass sich die einzelnen Farben einheitlich und leuchtend präsentieren. In vielen Fällen besitzt der Vierbeiner einen gestromten Pelz, wobei folgende Farbschläge auftreten:

- Rot in verschiedenen Schattierungen,
- Falb,
- Rehbraun,
- Weiß
- und Weiß-gescheckt.

Einige Merkmale gelten bei der Züchtung der Bullys als unerwünschte Nebeneffekte. Als Beispiel nenne ich den Dudley-Effekt, der eine nicht pigmentierte Nase bezeichnet. Zusätzlich gehören die Farben Schwarz und "Schwarz mit Loh" nicht in den gängigen Rassestandard.

Bully Bild20 (ecuadorpostales@123RF.com)

Die Englische Bulldogge als Kultobjekt

Beim Bully handelt es um einen einmaligen Charakterhund mit Kultstatus, seine menschliche Art und sein unverkennbares Äußeres macht den Vierbeiner zu einem Blickfang, der die Aufmerksamkeit seiner Umgebung auf sich zieht.

Die Besitzer einer Englischen Bulldogge bemerken schnell, dass ihr unverkennbarer Hund für ausreichend Gesprächs-Stoff sorgt. Freunde oder Fremde finden Gefallen an dem lebensfrohen Hund mit dem grimmigen Gesicht und werden sich mit Ihnen über den Rassehund austauschen wollen. Das liegt nicht zuletzt an der Tatsache, dass die Englische Bulldogge über zahlreiche visuelle Reize verfügt.

Neben dem Körper des kleinen Molossers zeigt sein Gesicht charakteristische Merkmale, die den Bully gleichzeitig zu einer beliebten Werbe-Ikone machen.

Der Bully – eine Rasse mit Charakter

Aufgrund seines "miesepetrigen" Gesichtsausdrucks bekommt der tierische Engländer eine menschliche Note.

Dieser Umstand begünstigt die wachsende Beliebtheit der Englischen Bulldogge. Neben einer Vielzahl von Bully-Fanartikeln spielt die Rasse in den Medien eine wesentliche Rolle. Als bestes Beispiel präsentiert sich die weiße Englische Bulldogge "Lotte" im "Frühstücksfernsehen" auf dem Sender Sat1.
In verschiedenen Werbespots nimmt die unverkennbare Rasse zusätzlich einen hohen Stellenwert ein, sodass der Bully in Film und Fernsehen ausreichend Präsenz findet. Das friedfertige Wesen des Tiers in Kombination mit seinem finsteren Blick macht die Englische Bulldogge zu einer Besonderheit.

Bei der Englischen Bulldogge handelt es sich in keinem Fall um ein langweiligen Hund. Bereits die äußere Erscheinung des Vierbeiners stellt eine Besonderheit dar, die einen Großteil des Bully-Kults ausmacht. Der mittelgroße Hund mit seinen kleinen Ohren und der flachen Schnauze erinnert nicht mehr an seinen Stammvater, den Wolf. Dennoch besitzt das Tier die relevanten Urinstinkte, die ihn zu einem zuverlässigen Begleiter und im Fall der Fälle zu einem Kämpfer machen. Die Gesellschaft einer Englischen Bulldogge stellt eine Erfahrung dar, die sich gleichzeitig als lustig und strapaziös erweist. Der Bully weiß immer was er möchte. Er versucht, seinen Willen einzufordern und wenn er diesen nicht bekommt kann er schmollen, oder aber auch verrückte Dinge anstellen.

Obwohl die Englische Bulldogge in der heutigen Zeit mehr um Streicheleinheiten als um Beute kämpft, macht seine Kraft ihn zu einem abschreckenden Gegner. Daher steht ein gutes Verhältnis zwischen Deinem Hund und Dir an erster Stelle, um ein unkompliziertes Zusammenleben zu gewährleisten.

Bully Bild17 (tkatsai©123RF.com)

...ein Bully macht Spaß und bringt Lebenfreude!

Die Englische Bulldogge verfügt trotz ihres in der Regel missmutigen Aussehens über ein gutes Herz und viel Lebensfreude. Bei dem Tier handelt es sich um einen sensiblen Charakterhund, der die Aufmerksamkeit seiner Besitzer benötigt.

Ohne die ausreichende Beachtung "seiner Menschen" leidet der Vierbeiner unverkennbar, sodass es im schlimmsten Fall zu einer seelischen Verkümmerung kommt.

Obwohl der Bully einst als Kampfhund galt, findet sich dieser Charakterzug nur noch in bestimmten Situationen. In der heutigen Zeit prägt Gutmütigkeit den Charakter einer englischen Bulldogge.

Zusätzlich verfügt das Tier über eine schlummernde Leidenschaft, bei der es sich um seine Instinkte als Kämpfer handelt. Weckt eine Situation diese, geht der Bully seinem ursprünglichen Trieb nach. In speziellen Augenblicken entblößt der sonst friedfertige Vierbeiner seine Wildheit. Vorwiegend beim Toben mit Kindern oder anderen Hunden kommt der Urtrieb der Englischen Bulldogge zum Tragen.

Seine ruhige Art und seine wilde Seite existieren in einem scheinbaren Widerspruch zueinander. Aufgrund der plötzlich aufkommenden Wildheit, die der Vierbeiner unter bestimmten Umständen zeigt, galt er lange Zeit als jähzorniger Charakter.

Stattdessen belegt die Eigenschaft den festen Willen des Rassehundes. Seine Urinstinkte brechen als eine verstärkte Bestätigung dieser Entschlossenheit auf. Jedoch heißt der Umstand in keinem Fall, dass die Englische Bulldogge zu einer impulsiven Art neigt. Der ruhige Zeitgenosse überzeugt aufgrund seines gelassenen Wesens und präsentiert seine wilden Facetten ausschließlich im Zuge eines Spiels.

Der Bully – und sein eigenwilliges Wesen

Die Englische Bulldogge besitzt aufgrund ihrer Intelligenz und ihres festen Charakters ein eigenwilliges Wesen. Erwartest Du von Deinem Hund blinde Ergebenheit, sollte Deine Wahl besser nicht auf den liebenswerten Bully fallen.

Eine English Bulldog überlegt sich, welche Befehle sein Herrchen ihm gibt und, ob es sich lohnt, diese zu befolgen, das unterscheidet ihn von vielen anderen Rassen.

Demnach braucht der Vierbeiner einen geduldigen und einfallsreichen Besitzer, der den mitunter sturen Kopf des Hundes als sympathisch empfindet.

Besonders auf den Körperbau der Englischen Bulldogge legst Du Dein Augenmerk, um zu entscheiden, ob der Hund der passende Begleiter für Dich ist. Abhängig von ihrer Erscheinung unterteilen sich die Vertreter dieser Rasse in kleine Sportmuffel und Freunde der Bewegung. Allerdings liegt die Sportlichkeit der Bullys bereits in ihrer Zucht begründet. Ausschließlich eine freie Atmung sowie eine athletische Figur gelten als Voraussetzungen für ausgedehnte Wanderungen und langes Toben. Stammt Deine Englische Bulldogge aus einem Zwinger, in dem beispielsweise die kurze Nase das Züchtungsziel darstellt, besteht die Möglichkeit einer eingeschränkten Atmung.

In dem Fall bewegt sich das Tier im Gegensatz zu Artgenossen mit besseren Voraussetzungen widerwillig oder ausschließlich über kurze Strecken. Hierbei bringt es nichts, den Vierbeiner mit Leckerchen oder lauten Aufforderungen zum Laufen bewegen zu wollen. Stattdessen erhalten die Bedürfnisse des Hundes Priorität.

Bei der Englischen Bulldogge handelt es sich um einen wachsamen Gefährten, der sorgsam auf sein Revier acht gibt. Obwohl das Tier bei fremden Personen anschlägt, neigt er nicht zum Kläffen. Demnach stellt der Bully in der Regel einen ruhigen Zeitgenossen dar, der in bestimmten Situationen seiner Wildheit freien Lauf lässt. Beispielsweise geschieht dies, wenn Du nach längerer Zeit der Abwesenheit nach Hause zurückkehrst.

Mit Begeisterung stürzt sich Dein Hund auf Dich, um Dir seine Freude über Dein Kommen zu demonstrieren. Als schwere Hunderasse verfügt die Englische Bulldogge über eine beachtliche körperliche Kraft.

Der Bully und die sensible Seele

Mit einem Bully schaffst Du Dir ein Tier mit sensibler Seele an. Auf übermäßige Strenge reagieren die Vertreter der unverkennbaren Rasse mit Missachtung. Daher steht bei der Erziehung einer Englischen Bulldogge die Geduld des Besitzers an erster Stelle.

Versuchst Du, Deinem tierischen Mitbewohner Regeln beizubringen, erwartet Dich keine einfache Aufgabe. Bullys verfügen über eine außerordentliche Intelligenz, sodass sie Kommandos schnell lernen, jedoch ihren Sinn hinterfragen.
Glaubt er, eine bestimmte Handlung bringe ihm keinen Nutzen, verweigert er den entsprechenden Befehl. Anstatt beispielsweise das Bällchen zu apportieren, bleibt er stur sitzen und legt sein missmutiges Gesicht in weitere Falten. Um dennoch an Dein Ziel zu gelangen, benötigst Du als Hundehalter ausreichend Einfühlungs-Vermögen. Mit genügend Lob und Bestätigung kommt bei der Englischen Bulldogge der Wunsch auf, seinem Herrchen oder Frauchen zu gefallen.

Kannst Du als Bezugsperson Vertrauen aufbauen, bleibt Dir die Englische Bulldogge im Regelfall ein Leben lang treu. Ausschließlich eine permanente Missachtung seitens der Besitzer könnte dazu führen, dass sich der Bully von seiner Familie abwendet. Zeigst Du dem Vierbeiner Deine Liebe, reagiert dieser mit Begeisterung. Oftmals bekommen die Halter einer Englischen Bulldogge das Gefühl, von ihrem tierischen Begleiter regelrecht angehimmelt zu werden.

Besteht zwischen einem Bully und seinem Menschen eine enge Vertrauensbasis, versucht das Tier, ihm nicht von der Seite zu weichen. Am liebsten steht der Vierbeiner im Mittelpunkt und holt sich von allen Familien-Mitgliedern Streicheleinheiten ab. In der Erziehungs-Phase, besteht die Notwendigkeit, auf das Verhalten des Hundes achtzugeben. Die Englische Bulldogge spürt Stimmungen und reagiert darauf. Daher durchschaut die intelligente Hunderasse Inkonsequenz schnell und nutzt sie schamlos aus.

Speziell auf lautes Schreien und Gewalt reagiert die Englische Bulldogge mit erhärteter Sturheit. Reizen die Besitzer ihren Hund über Gebühr, schlägt dessen Verhalten gegebenenfalls in Aggression um. Vorwiegend tritt der Fall ein, wenn ständige Reizung die Urinstinkte des einstigen Kampfhundes wecken. Spricht sein Besitzer vorrangig leise und und nutzt ruhige Töne, reicht ein einziger spitzer Laut, um ihm bei schlechtem Benehmen sein Fehlverhalten zu demonstrieren. Durch ein schrilles Japsen kommuniziert eine Hundemutter beispielsweise mit ihren Welpen, die sich wild benehmen. Bemerkst Du, dass der Bully die kleinen Ohren aufrichtet und in seiner Bewegung innehält, reagiert er auf den Laut. Nun besteht die Möglichkeit, das Tier auf seinen Fehler aufmerksam zu machen, in dem Du den Ton in einer ähnlichen Situation erneut verwendest.

Ändert die Englische Bulldogge in der Folge ihr Verhalten, solltest Du nicht mit Lob sparen. Auf diese Weise steht einer reibungslosen Erziehung des Vierbeiners nichts im Weg.

Letztendlich lässt sich feststellen, dass der clevere Bully über einen eigenen Willen verfügt und diesen durchzusetzen versucht. Demnach besteht für die Besitzer die Notwendigkeit, ihren Status als Rudelführer einzunehmen und bei Bedarf deutlich zu demonstrieren. Sobald die Englische Bulldogge ihren Rang in der familiären Rudelordnung akzeptiert, erleichtert Dir dieser Umstand das Erziehen des Vierbeiners.

Der Bully braucht viel Liebe

Trotz seiner scheinbar harten Schale besitzt der Bully einen weichen und liebenswerten Kern. Der Vierbeiner braucht die Zuneigung seines Besitzers ebenso wie sein tägliches Fresschen, um das Leben zu genießen.

Fühlt sich dein Bully missachtet oder aus der Familie ausgeschlossen, leidet er sprichwörtlich "wie ein Hund". Aufgrund ihres sozialen Wesens spielt die Einbindung in das "Rudel" eine wesentliche Rolle für die Englische Bulldogge. Als grimmiger Wachhund macht der Bully auf fremde Personen einen furchteinflößenden Eindruck. Vorrangig der breite Fang und der stämmige Körperbau lassen den Vierbeiner wie eine kleine und kompakte Kampfmaschine wirken. In seiner Familie reagiert der Vertreter dieser Rasse jedoch selten wie ein echter "Sauhund". Stattdessen verzaubert er seine Besitzer mit seinem charmanten und oftmals sogar komödiantischen Charakter.

Der watschelnde Gang des Hundes wirkt auf den ersten Blick lustig – vorwiegend, wenn sich der Bully beeilt, um seine Leckerchen zu erhalten. Gleichzeitig können sich Herrchen und Frauchen oftmals das Lachen nicht verkneifen, wann immer die Englische Bulldogge mit heraushängender Zunge nach ihren Schmuse-Einheiten bettelt. Fühlt sich das Haustier in seiner Umgebung wohl, neigt es zu einem spielerischen Verhalten, das in einigen Fällen unfreiwillig komisch anmutet. Als kleiner Charmeur versteht es der Bully, diese Eigenheit zu seinem Vorteil zu nutzen. Auf diese Weise versucht er, seine Besitzer um den kleinen Finger – oder in seinem Fall um die Pfote – zu wickeln und sich über Regeln hinwegzusetzen.

Eine englische Bulldogge braucht viel Körpernähe und Schmusen mit seinem Menschen.

Bully Lieb Bild47 John McAllister (Copi 123RF/123RF.com)

Der Bully ist eigensinnig aber nicht nachtragend

Der verschmuste Bully reagiert auf Ermahnungen im Regelfall mit einem freudigen Bellen und dem Bedürfnis nach Zuneigung. Daher fällt es schwer, dem Bully über einen langen Zeitraum böse zu sein.

Gleichwohl besteht die Notwendigkeit, Richtlinien einzuführen, um das Leben mit der Englischen Bulldogge ohne zusätzliche Komplikationen zu gestalten.
Jedoch solltest Du nicht vergessen, dass es sich beim Bully um einen gleichzeitig cleveren und sturen Gesellen handelt. Mehrmalige Erziehungs-Stunden nehmen aus dem Grund einen hohen Stellenwert ein – und selbst danach eignet sich die Englische Bulldogge vermutlich nicht als Begleiter für eingefleischte Perfektionisten. Vielmehr steht beim Bully Liebe und Verständnis im Vordergrund, sodass die Strenge mitunter auf der Strecke bleibt. Als umgänglicher Vierbeiner versteht sich der englische Rassehund im Regelfall ohne Probleme mit Kindern. Allerdings stellt eine Anleitung für das richtige Verhalten zwischen der Bulldogge und dem Nachwuchs eine Voraussetzung für die friedliche Koexistenz dar. Obwohl der Vierbeiner über einen verträglichen und geduldigen Charakter verfügt, lässt er sich nicht alles gefallen.

Vorwiegend auf körperliche Gewalt, die der Bully bereits in ein Ziehen am Ohr interpretieren kann, reagiert das Tier unter Umständen aggressiv. Um den Bully und die Kinder gleichermaßen vor Schaden zu bewahren, überwachst Du in der ersten Zeit die Spiele und Streicheleinheiten. Sobald sich Deine Kleinen an das richtige Verhalten im Umgang mit der Englischen Bulldogge gewöhnen, stellen gemeinsame Abenteuer kein Problem dar.

Bully Bild68 John McAllister (cole123rf@123RF.com)

Der Bully gehört zu den Hunden, die eine Menge Aufmerksamkeit benötigen. Er bevorzugt lange Schmusestunden und fordert die Liebe bei Bedarf tatkräftig ein. Bringst Du, für den Fall, dass Du Dich für einen Bully entscheidest, die nötige Zeit für ausgedehnte Streicheleinheiten auf? Des Weiteren benötigt er viel Körperkontakt und schmiegt sich beispielsweise mit Vorliebe an seine Besitzer, um mit ihnen zu kuscheln. Gleichzeitig fordert die Englische Bulldogge die Aufmerksamkeit ihrer Familie ein, da sie sonst seelisch verkümmert. Fühlt sich der Vierbeiner ignoriert, kann es zu einem regelrechten Kampf um Beachtung kommen.

In dem Fall macht das Tier stimmgewaltig auf seine Bedürfnisse aufmerksam und schreckt auch vor dem Überschreiten der Regeln nicht zurück. Benimmt sich ein Bully außerordentlich schlecht, resultiert sein Verhalten oftmals aus einem Gefühl der Einsamkeit.

Erhält Dein Hund ausreichend Zuneigung von Dir, entwickelt er sich zu einem entspannten und zuverlässigen Gefährten. Selbst Fremden gegenüber benimmt sich die Englische Bulldogge freundlich. Allerdings besitzt sie ein gutes Gespür für Stimmungen und nimmt beispielsweise die Nervosität ihres Besitzers schnell wahr.

Fühlst Du Dich in einer bestimmten Situation bedroht, schaltet dein Bully innerhalb von Augenblicken von der charmanten Schmusebacke zu einem grimmigen Beschützer. Damit der Hund nicht überall Gefahr vermutet, steht die Sozialisierung des Vierbeiners im Mittelpunkt. Diese findet bereits im Welpen-Alter statt, wobei Du beispielsweise auf das Verhältnis des Bullys gegenüber Artgenossen Einfluss nehmen kannst.

Bully Bild63 Alexey Kuznetsov (alkir©123RF.com)

Die meisten Vertreter der englischen Bulldoggen finden großen Gefallen an Wasser, sodass sich der Bully für Pfützen und Bäche interessiert und gerne im kühlen Nass tobt.

Besonders gern tobt der Bully natürlich in Seen und im Meer, aber Achtung, die kämpferische Natur der Bulldogge lässt es oft dazu kommen das der Hund sich selbst ein wenig überschätzt.

Bullys können nicht immer schwimmen und wenn dann sind Sie meist keine guten Schwimmer, deswegen sollte der Halter gut Obacht geben wie sich sein Hund im Wasser verhält. Am besten lässt man seinen Hund erstmal an der Leine ins tiefere Wasser gehen. Damit behalten Sie die Kontrolle und können Ihren Liebling im Bedarfsfall sichern und vor dem Ertrinken schützen.

Bully im Wasser, Bild 54 (n1studio©123RF.com)

Passt eine Englische Bulldogge zu mir?

Bevor Du Dich für eine Englische Bulldogge entscheidest, solltest Du diese Frage von allen Seiten beleuchten. Wie jeder Hund benötigt die Englische Bulldogge ausreichend Aufmerksamkeit und Pflege, sodass der Zeitaufwand bei der Haltung des Vierbeiners eine beträchtliche Rolle spielt. Zudem besteht die Möglichkeit, dass Deine Lebens-Situation Einfluss auf das Leben mit dem Bully nimmt.

Für die Erziehung deines Hundes benötigst Du ausreichend Zeit. Immerhin verfügt der vierbeinige Engländer über einen stolzen und zugleich sturen Charakter. Interessierst Du Dich für den Kauf einer englischen Bulldogge, solltest Du zuvor überlegen, ob dieser Hund zu Dir und gleichzeitig zu Deiner Familie passt.

Hierbei kommt es darauf an, auf die Bedürfnisse der charakteristischen Rasse einzugehen. Um einen Bully in Deine eigenen vier Wände zu holen, besteht die Notwendigkeit, die eigene Wohnsituation unter die Lupe zu nehmen.

Das bedeutet, Deine Englische Bulldogge fühlt sich in einem großen Haus ebenso wohl wie in einer kleineren Wohnung. Jedoch spielt der enge Kontakt zur Familie eine wesentliche Rolle, da der Bully über einen sensiblen Charakter verfügt.

Der Anschluss an "seine" Menschen erhält beim Bully einen hohen Stellenwert. Er sucht die Nähe zu seiner Bezugsperson aktiv und fordert seine Streicheleinheiten ein.

Bemerkt der Bully, dass seine begeistert bekundete Liebe nicht erwidert wird, reagiert er mit zunehmender Distanz.

Bully fürs Alter Bild 55
(cole123RF©123RF.com)

Ein Bully gehört in eine Familie

Für ein gedeihliches Zusammenleben mit einer Englischen Bulldogge solltest Du bereit sein den Bully in deine Familie aufzunehmen.
Aufgrund ihres loyalen und anhänglichen Wesens besteht die Gefahr, dass sie in der Zwingerhaltung psychische Schäden erleidet. Beispielsweise reagiert der Bully depressiv, wenn Du ihn lange Zeit sich selbst überlässt. In der Folge kommt es zu Appetitlosigkeit, die im schlimmsten Fall zu einer Fress-Unlust ausartet.

Ebenso führen die Depressionen beim Bully zu mangelnder Bewegung, weil die Englische Bulldogge als dessen Folge Spaziergänge verweigert. Die massige Statur des Rassehundes sowie seine verkürzten Beine sorgen dafür, dass die Englische Bulldogge im Regelfall nicht zu den Spitzensportlern unter den Hunden gehört. Legst Du Dir einen Bully zu, um längere Fahrradtouren oder Wanderungen zu unternehmen, steht die Abstammung der jeweiligen Bulldogge im Vordergrund. Neuere Zuchtlinien wie die Continental Bulldoggen sind dazu geeignet.

Aufgrund ihrer in der Regel kurzen Beinchen fällt den meisten Bullys das Treppensteigen schwer. Ganz junge Hunde wie auch ältere Hunde sollten gar keine Treppen steigen und aus diesem Grund getragen werden. Liegt Deine Wohnung in einem höheren Stockwerk, ist ein Aufzug im Haus Voraussetzung für die Anschaffung eines Hundes dieser Rasse.

Hältst Du Dich nicht daran und zwingst ihn zum Treppensteigen, riskierst Du, dass die Gelenke des Hundes erkranken. Dies geht mit starken Schmerzen für Deinen Bully einher.

Gleichzeitig achtest Du darauf, dass es sich bei der Englischen Bulldogge um einen sensiblen Charakterhund handelt. Er fordert von seinem Besitzer viel Aufmerksamkeit. Befinden sich tagsüber keine Personen in der Wohnung, solltest Du vorher daüber nachdenken ob eine andere Person den Hund betreuen kann, oder du ihn sogar mit auf Arbeit nehmen kannst, sodass nicht die Gefahr einer Vereinsamung besteht.

Bully in der Familie Bild 56 (John McAllister cole123DF©123RF.com)

Der Bully besitzt eine wilde Seele

Der Charakter des Bullys zeugt von Loyalität, daher neigt das Tier zu einem anhänglichen Verhalten. Artgerecht hältst Du ihn, indem Du ihn stark in Deine Familie einbindest. Mit Kindern und anderen Vierbeinern kommt die Englische Bulldogge ohne Probleme zurecht. Bereits in seiner jüngeren Geschichte zeigt sich, dass als Züchtungsziel bei den Vertretern dieser Art die Verträglichkeit an erster Stelle steht. Demnach schafft es der Hund ohne Schwierigkeiten, sich in einen bereits bestehenden Haushalt zu integrieren. Lebt ein weiterer Hund in Deiner Familie, lernt die Englische Bulldogge ihre Stellung innerhalb des "Rudels" im Regelfall allein kennen.

Sanfte Seele Wilder Blick, Bulldog
Bild 59 (lunja©123RF.com)

Der Bully ist ein stolzer Rassehund. Bemerkt er, dass Du ihn missachtest oder ihn nicht mehr mit Streicheleinheiten verwöhnst, wendet er sich von Dir ab.
Ebenso reagiert das Tier, sobald es erkennt, dass Du einen anderen tierischen Mitbewohner bevorzugst. In dem Fall besteht die Möglichkeit, dass sich der Vierbeiner beleidigt eine andere Bezugsperson innerhalb der Familie sucht. Spielst Du zusätzlich mit ihr, machst Du Deinem Hund eine große Freude. Diese Tatsache findet ihren Ursprung in der Züchtung der speziellen Rasse.
Noch immer schlummert in dem Bully die Seele eines Kämpfers, der sich mit Vorliebe beweisen möchte. Daher besteht die Möglichkeit, dass sich spielerische Rangkämpfe zwischen zwei Hunden zu einer ernsten Auseinandersetzung entwickeln können.
Innerhalb weniger Sekunden schwenkt das Temperament des Bullys um, sodass der gutmütige Charmeur seine wilde Seite offenbart. Hierbei zeigen sich die ursprünglichen Instinkte des Bullys, in denen er auch gefährlich werden kann.

Hältst Du das Tier als Zweithund, freut sich Dein Gefährte, wenn Du ihn dennoch ausreichend beschäftigst. Dies hat zum Ziel, eine Rammdösigkeit vonseiten Deines Hundes zu vermeiden. Langweilt sich der Vierbeiner, kämpft er beispielsweise, um sich die Zeit zu vertreiben oder Dir zu imponieren.
Während des Spiels benötigt Dein Haustier ausreichend Lob und zwischen den einzelnen Spieleinheiten genügend Zeit, sich zu beruhigen. Immerhin befindet sich in dem Genpool die Wildheit eines Terriers. Daher bringt die Englische Bulldogge eine Menge Energie mit sich, die sie mit Vorliebe auspowert.
Für ausgelassene Spiele eignen sich ruhige Plätze. Anderenfalls besteht die Gefahr, die Jagd-Instinkte Deines Hundes über Gebühr zu reizen.

Auf einer Wiese oder in einem großzügig bemessenen Garten findet der Bully ebenso ausreichend Raum, um sich auszutoben, wie in einem Hundepark. Beim Spielen mit anderen Hunden kann er in einem solchen seiner Natur freien Lauf lassen, ohne dass die Gefahr einer ernsten Verletzung besteht.

Bullys wilde Seiten Bild 58
(lunja©123RF.com)

Englische Bulldoggen sind gemütliche Gesellen

Bei verschiedenen Gelegenheiten ertappst Du Deine Englische Bulldogge dabei, wie ihr wildes Naturell in diversen Situationen aufblitzt.

Die meisten Bullys sind aber absolut entspannte Kameraden. Vorrangig die ausgewachsenen Bullys bewegen sich gern, aber nicht übermäßig, sodass ein Spaziergang in einem moderaten Tempo den täglichen Bedarf an Training deckt. Dir bleibt nichts anderes übrig, als zu akzeptieren, dass Dein Hund die Geschwindigkeit beim Laufen bestimmt.

Aufgrund seiner empfindlichen Nase liebt die Englische Bulldogge das Schnüffeln und Erspüren von Fährten. Aus dem Grund kommt es vor, dass der Hund oftmals stehen bleibt, um einen Ort genauer zu untersuchen. Das gemütliche Tempo der Englischen Bulldogge liegt ebenso in ihren kurzen Gliedern begründet. Aber Du brauchst deswegen nicht zu denken, dass die Englische Bulldogge kein schnelles Tempo erreicht.

Betrachtest Du den Körperbau Deines Hundes, fallen Dir vermutlich der für die Englische Bulldogge typische breite Brustkorb und die massigen Muskeln auf. Aufgrund der Anatomie gerät die Vielzahl der Hunde schnell ins Schwitzen. Vorwiegend an heißen Tagen verzichtet der Bully daher gern auf einen Spaziergang und döst lieber im Schatten.

Längere Touren unternimmt das Tier mit Dir bei kühlerem Wetter. Beabsichtigst Du, ausgiebige Wegstrecken mit dem Hund zu gehen, besteht die Notwendigkeit, den Hund in jungen Jahren zu trainieren. Bei einem untrainierten Vierbeiner kommt es bei einem langen Spaziergang schnell zu einer Überforderung. Beispielsweise bemerkst Du, dass der Atem des besten Freundes des Menschen rasselt oder sich die Englische Bulldogge vermehrt hinsetzt.

Die Ruhepausen benötigt Dein Begleiter, um ausreichend Energie für den weiteren Weg zu tanken. Gönnst Du ihm die Erholung nicht, kommt es im schlimmsten Fall zu schwerwiegenden Atemproblemen, die gesundheitliche Schäden nach sich ziehen.

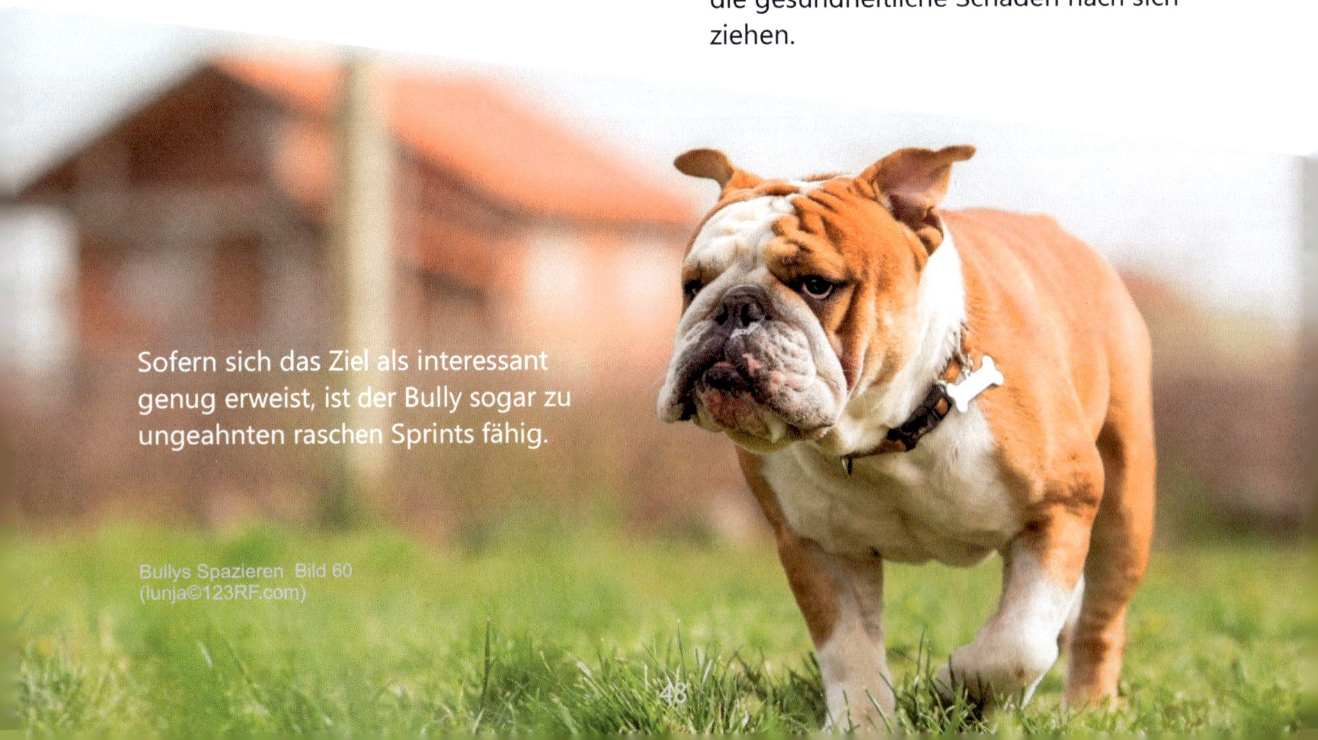
Sofern sich das Ziel als interessant genug erweist, ist der Bully sogar zu ungeahnten raschen Sprints fähig.

Bullys Spazieren Bild 60 (lunja©123RF.com)

Vor dem Kauf der Englischen Bulldogge

Welche Fragen solltest Du vor dem Kauf klären?

Besitzt Du schon einen vierbeinigen Mitbewohner oder soll die Englische Bulldogge Dein erster Hund werden? Vor dem Kauf einer Englischen Bulldogge solltest Du dir einige wichtige Fragen stellen.

Als erstes wäre da die Lebenserwartung des englischen Rassehundes zu beachten. Schließlich erreicht der Vierbeiner das stolze Alter von acht bis zehn Jahren. Bist Du in der Lage, Dir die Haltung der Englischen Bulldogge über diesen langen Zeitraum finanziell zu leisten?

Bevor Du Dir einen Bully anschaffst, hilft eine erste Kalkulation bei der Beantwortung dieser Frage. Nicht ausschließlich der Kauf des Hundes und die Erstausstattung fabrizieren hohe Kosten.

Ausgaben der Haltung:

- Fleisch, Trocken- und Nassfutter,
- den Tierarzt,
- Hundesteuern und Versicherungen
- sowie für Zubehör in Form von Näpfen, Leinen, etc.

Neben den Utensilien, die Dein Hund und Du im Alltag benötigen, kommen weitere Kosten auf Dich zu. Beispielsweise benötigst Du Geld für die jährlichen Impfungen und Entwurmungen Deines Vierbeiners. Leidet die Englische Bulldogge unvorhergesehen an einer Erkrankung, kommen unter Umständen langwierige Behandlungen auf das Tier zu.

Gleichzeitig gehört der Bully zu den Hunden, die in speziellen Situationen über einen impulsiven Charakter verfügen. Während eines ausgelassenen Spiels kommt es beispielsweise vor, dass der kraftvolle Rassehund einigen Schaden anrichtet. Eine Haftpflicht-Versicherung stellt einen nützlichen Faktor bei der Haltung der Englischen Bulldogge dar. In einigen Bundesländern ist sie Pflicht. Ebenfalls kommt hier die Frage auf, ob Du die Kosten auf lange Sicht ohne Probleme tragen kannst.

Obgleich sich der Bully auch in kleinen Wohnungen wohlfühlt, braucht er ein Mindestmaß an Platz, um seine Energie innerhalb der eigenen vier Wände herauslassen zu können. Eignet sich Deine derzeitige Wohnsituation für die Anschaffung einer Englischen Bulldogge? Schließlich steht bei dem Tier der Kontakt zu seinen Menschen im Vordergrund, sodass sich eine Zwingerhaltung aufgrund von Platzmangel nicht denkbar ist.

Hündin und Welpe
Bild 62(Cole123RF John McAllister©123RF.com)

Des Weiteren stellt sich die Frage, ob alle Familien-Mitglieder ihr Einverständnis für den Kauf der Englischen Bulldogge geben. Der sensible Vierbeiner spürt schnell, wenn ihm Missbilligung entgegenschlägt. Darauf reagiert der Bully unter Umständen depressiv. In der beschriebenen Situation besteht im schlimmsten Fall die Möglichkeit, dass sich die Ablehnung eines Familien-Mitglieds negativ auf die Gesundheit des Hundes auswirkt.
Wohnst Du in einem Mietshaus, bewährt es sich, sich im Vorfeld darüber zu informieren, ob der Vermieter das Halten eines Hundes gestattet. Zudem besteht die Notwendigkeit, auf das Stockwerk, in dem Deine Wohnung liegt, zu achten. Im Vergleich zu ihrer Größe verfügen die Englischen Bulldoggen über ein stattliches Gewicht, sodass sie bei dem regelmäßigen Bewältigen zahlreicher Treppenstufen Schwierigkeiten bekommen.

In der Regel stellt es für den ausgewachs-enen Bully kein Problem dar, ein paar Treppen auf- oder abzusteigen. Muss er den Weg mehrmals gehen, wirkt sich der Umstand auf lange Sicht negativ auf seine Gelenke aus. Vorrangig im hohen Hundealter macht sich dies bei Deinem Hund schmerzhaft bemerkbar, sodass Dir und Deinem Hund zahlreiche Besuche beim Tierarzt bevorstehen. Gehörst Du zu den Eigenheim-Besitzern, kannst Du Deine Englische Bulldogge beruhigt im Garten herumtoben lassen.

Hierbei stellt ein unbeschädigter Gartenzaun eine notwendige Voraussetzung dar. Die neugierige Hunderasse spürt mit Vorliebe Fährten nach und erkundet die Umgebung. Sobald sich für den Bully eine Chance ergibt, welche sich beispielsweise in einem Loch im Zaun manifestiert, geht er mit Begeisterung auf Wanderschaft. Daher bietet es sich an, dass Du vor dem Kauf der Englischen Bulldogge Deinen Gartenzaun kontrollierst und bei Bedarf ausbesserst. Bei einer ausreichenden Umrandung des Grundstücks besteht für Dich die Chance, den Bully ohne Aufsicht an die frische Luft zu schicken.

Dabei gilt es zu bedenken, dass die mittelgroße Spürnase Pfützen liebt und darin herumtollt. Läuft das Tier im Nachhinein durch Erde oder Gras, bringt es unter Umständen eine Menge Schmutz in die Wohnung. Hierbei lohnt es sich, zu überlegen, ob Du die nötige Geduld für die Hunde-Erziehung aufbringst.

Gleichzeitig kommt zweimal im Jahr der Fellwechsel des Vierbeiners auf Dich zu. Vorwiegend im Frühjahr, wenn die Englische Bulldogge ihr Winterfell verliert, haart sie vermehrt. Obwohl die kurzen Härchen nicht büschelweise ausfallen, sammeln sie sich doch in Kleidung und Möbelstücken an.
Daher macht der Bulldog auch innerhalb der eigenen vier Wände Arbeit, auf die Du besser vorbereitet bist.

Drei oder vier Stunden kommt der Bully problemlos eigenständig zurecht, ohne sich unsittlich zu verhalten. Ist Dir bekannt, dass Du über einen längeren Zeitraum außer Haus bleibst, könntest Du einen Freund oder Verwandten fragen, ob er sich des Hundes annimmt. Möglicherweise genügt es, wenn die jeweilige Person kurz nach der Englischen Bulldogge sieht und ihr in ausreichendem Maße Streicheleinheiten zukommen lässt. Bevor Du einen fremden Menschen zu Deinem tierischen Mitbewohner schickst, ist es von Vorteil, ein Kennenlernen zwischen beiden zu arrangieren. Der Bully neigt in der Regel nicht zu Aggressionen, wenn er unbekannten Zweibeinern begegnet, jedoch könnte er sein Revier durch das Eindringen eines Fremden bedroht sehen. Um das zu vermeiden kannst Du die auserwählte Person im Vorfeld einladen, damit sie mit der Englischen Bulldogge auf Tuchfühlung gehen kann. Diese Taktik empfiehlt sich gleichermaßen, wenn Du einen Hundesitter engagierst, der für Dich nach dem Bully schaut.

Aber was geschieht, wenn weder Freunde, noch ein Profi als Aufpasser für den Englischen Rassehund zur Verfügung stehen?

In dem Fall könntest Du Dich über Hundepensionen in der Nähe Deiner Wohnung informieren. Bleibst Du mehr als vier Stunden weg, braucht die Englische Bulldogge eine Beschäftigung, damit sich bei dem Hund keine Langeweile einstellt. Findet sich keine passende Pension, die Dein Haustier betreut, lohnt es sich, bei Deinem Vorgesetzten nachzufragen, ob Tiere an Deinem Arbeitsplatz Probleme bereiten. Sofern es Dir Dein Chef gestattet, kannst Du die Englische Bulldogge ohne Schwierigkeiten mit auf Arbeit nehmen. Dein schlauer Gefährte passt sich der neuen Situation schnell an und schafft es mit Deinem Zuspruch, sich ruhig zu verhalten.

Bully Welpe. Bild 63 (Patricio Hidalgo ecuadorpostales©123RF.com)

Des Weiteren stellt sich mit einem Hund die Frage nach dem richtigen Urlaubsort.

Interessierst Du Dich für den Kauf der besonderen Rasse, solltest Du im Voraus überlegen, ob Du die Bereitschaft zeigst, bei Deinem Urlaub Abstriche zu machen. Zwar eignen sich mehrere Destinationen für den Vierbeiner, doch nicht jedes Hotel sieht die tierischen Gäste gern. Findet sich keine Unterkunft, in der sich auch die Englische Bulldogge wohlfühlt, steht erneut die Hundepension im Fokus. Anhand dieser Faktoren bemerkst Du, dass ein Bully generell viel Zuwendung, Aufmerksamkeit und vorwiegend Zeit benötigt.

Ob eine Englische Bulldogge zu Dir passt, findest Du in der Regel ohne Probleme heraus, indem Du den ersten Kontakt mit dem Vierbeiner aufnimmst.

Bereits beim Kennenlernen zeigt sich, wie ihr zwei aufeinander reagiert. Kaufst Du Deine Englische Bulldogge von einem Züchter oder holst Du sie alternativ aus dem Tierheim ab? In beiden Fällen hast Du vor der Entscheidung, ob Du den Vierbeiner behältst, die Möglichkeit, nach mehreren Probe-Spaziergängen zu fragen. Die gemeinsame Zeit hilft Euch, ein Gespür füreinander zu entwickeln.

Auf welche Besonderheiten des Bullys solltest Du achten?

Wenn Du dir dann sicher bist, dass die Anschaffung eines Hundes keine Schwierigkeit für Dich darstellt, gilt es zu klären, ob Du explizit den Bedürfnissen einer Englischen Bulldogge gerecht wirst.

Das Temperament der Vierbeiner unterscheidet sich zwischen den einzelnen Vertretern dieser Art, aber die Mehrzahl der Bulldogs geht mit Vorliebe ausgelassenen Spielen nach. Daher benötigt das Tier ausreichend Bewegung, um seine gesamte Energie auszupowern. Für Dich stellt sich beispielsweise die Frage, ob Du bereit bist, den Rassehund bei Wind und Wetter an die frische Luft zu begleiten. Wie bereits erwähnt, bestimmt die Englische Bulldogge ihr Tempo eigenständig, da sie selbst das beste Gefühl für ihre Kondition besitzt.
Ein flotter Sprint macht Deinem Haustier Freude, jedoch eignet es sich nicht für lange Gewaltmärsche oder Spaziergänge, die fortwährend bergauf führen.

Demnach liegt es an Dir, die passenden Wege für Eure gemeinsamen Ausflüge auszusuchen oder alternativ nach einem Hundepark Ausschau zu halten.

Bully Welpe, Bild 65
(Eric Isselee ©123RF.com)

Bei der Englischen Bulldogge handelt es sich um einen anpassungsfähigen Gefährten, der Dir eine Menge Einfühlungs-vermögen abverlangt. Bemerkst Du, dass Dein Vierbeiner schlechter als sonst frisst oder Spaziergänge verweigert, liegt die Ursache unter Umständen darin, dass den Hund etwas bedrückt. Die Rasse gehört zu den sensiblen Hunden sodass Du dem Problem besser frühzeitig auf den Grund gehst, um gesundheitliche Komplikationen für den besten Freund des Menschen zu vermeiden.

Gleichzeitig bewährt es sich, zu bedenken, dass die Englische Bulldogge kein reines Prestige-Objekt darstellt. Obwohl die spezielle Hunderasse zunehmend an Beliebtheit gewinnt, bedeutet das nicht, dass sich ihre Haltung erleichtert. Schaffst Du Dir den Vierbeiner an, solltest Du voll und ganz hinter der Rasse stehen und Dich für sie begeistern. Zudem macht es keinen Sinn, den stämmigen Hund ausschließlich für Deine Kinder zu kaufen.

Der Nachwuchs erfreut sich eine bestimmte Zeit an dem lustigen Aussehen und dem liebenswerten Wesen des Bullys, doch es besteht die Gefahr, dass die Kleinen das Interesse verlieren. Daher bist Du besser bereit, Dich allein um das Haustier zu kümmern und ihm die nötige Zuwendung zu schenken. Übernehmen die Kinder einen Großteil der Verantwortung für den Vierbeiner, kannst Du ihnen frühzeitig den Umgang mit dem Tier beibringen.

Bully Bild66 phantom1311©123RF.com

Bully Bild79 tkatsai©123RF.com

Möchtest Du einen Welpen oder einen ausgewachsenen Hund?

Ist Deine Wahl endgültig auf die Englische Bulldogge gefallen, steht die nächste Entscheidung an. Bevorzugst Du einen ausgewachsenen Vierbeiner oder einen jungen Hund?
Die Vorzüge bei einem Welpen liegen auf der Hand. Sie sehen niedlich aus und benötigen viel Liebe und Aufmerksamkeit. Speziell Kindern fällt die Wahl in der Regel leicht und sie wünschen sich einen kleinen Welpen, der aufgrund seines süßen Aussehens überzeugt.

Hierbei könntest Du jedoch überlegen, ob sich ein junger Hund in Deinen Alltag integrieren lässt. Obgleich ihrer putzigen Erscheinung machen vorwiegend Welpen jede Menge Arbeit. Immerhin liegt es an Dir, für ihre Erziehung zu sorgen. Mit tapsigen Schritten erkunden die kleinen Bullys ihre neue Umgebung und erobern aufgrund ihres liebenswerten Verhaltens alle Herzen im Sturm.

Bei einem Bully Welpen sollte Dir auch klar sein das der eine oder andere Sachschaden, an Möbeln, Wänden oder Teppichen durch den Welpen vorbestimmt ist. Es gilt auch zu bedenken, dass die kleinen Hunde nicht stubenrein sind und Du vorerst das Toilettentraining übernehmen musst. Zusätzlich verfügen Bullys in ihren jungen Jahren über einen nicht komplett entwickelten Bewegungs-Apparat.
Eine Überforderung der noch im Wachstum befindlichen Knochen und Gelenke zieht unter Umständen irrreparable Schäden nach sich. Daher benötigen Welpen in der ersten Zeit mehrere kurze Spaziergänge statt einer ausgedehnten Runde. Gleichzeitig bedürfen die Bully-Welpen einer größeren Aufmerksamkeit als die erwachsenen Genossen ihrer Art.

Ein Welpe fordert auch nachts Deine Zuwendung, demnach ähnelt der Welpe einem kleinen Kind, um das Du Dich rund um die Uhr kümmern solltest. Im Gegensatz zu einer erwachsenen Englischen Bulldogge bleibt der junge Hund auch über einen kurzen Zeitraum nicht gern allein. Bereits nach einer halben Stunde kann es passieren, dass der Vierbeiner lautstark auf sich aufmerksam macht.

Außerdem erhält die regelmäßige Fütterung für die jungen Rassehunde eine Priorität. Bis zu ihrem sechsten Lebensmonat benötigen die Welpen drei bis vier Portionen an einem Tag, um ihren Bedarf an Nährstoffen zu decken.
Der kleine Körper dehydriert zudem schnell, sodass die ausschließliche Gabe von Trockenfutter keine gute Wahl darstellt. Kaufst Du der Englischen Bulldogge Welpenfutter, profitierst Du von der richtigen Portionsgröße.

Doch auch in dem Fall muss sich der junge Vierbeiner erst an die Futteraufnahme gewöhnen. Fremde Menschen, andere Tiere und Gegenstände wecken die Neugierde des neuen Familien-Mitglieds, das sich zunehmend mehr ausprobiert. Der Spieltrieb Deines Hundes sorgt unter Umständen zusätzlich dafür, dass ihm Möbel oder Kleidungsstücke zum Opfer fallen. Ausgewachsene Bullys kennen bereits Kommandos wie „Aus!" oder „Nein!". Der Welpe weiß mit dem Befehl in der Regel noch nicht viel anzufangen.
Daher gilt es, die Arbeit mit einem jungen Hund zu bedenken, bevor Du Dir den Bully-Nachwuchs in das Haus holst. Neben der Erziehung des Bullys kommt gleichzeitig die „Flegelphase" auf Dich zu.

Ebenso wie ein Kind versucht sich die Englische Bulldogge während des Heranwachsens, über Regeln hinwegzusetzen. Aus dem Grund erfordert die Aufzucht des kleinen Vierbeiners eine Menge Geduld und starke Nerven.

Aber ein Welpe bringt nicht ausschließlich Schwierigkeiten mit sich, sondern sorgt für Spaß und schöne Momente. Immerhin kannst Du einen jungen Hund als Rohdiamant betrachten, seine ganze Entwicklung ist an Dich angepasst, sodass sie sich der Hund mit seinem ganzen Wesen auf Dich einstellen kann.

Bully Bild71 Cole123RF©123RF.com

Auf diese Weise kann aus Euch beiden ein eingespieltes Team werden, das zusammen durch dick und dünn geht.

Der Bully entwickelt sich anhand Deiner Erziehung zu dem Hund, den Du aus ihm machst. Leider gilt der Umstand nicht ausschließlich für die positiven Seiten des Vierbeiners.

Beschäftigst Du dich aber wenig mit der Erziehung, wächst der Bully zu einem verzogenen Hund heran, der Dich durch seinen Eigensinn viele Nerven kosten kann. Bei einer ausgewachsenen Englischen Bulldogge besteht der Vorteil darin, dass sie in der Regel die Grundkommandos kennt. Zudem sind die erwachsenen Tiere im Normalfall stubenrein, sodass in Deinem Haushalt wesentlich mehr Ruhe einkehrt als mit einem kleinen Vierbeiner.

Des Weiteren brauchst Du dem ausgewachsenen Bully die Verwendung von Halsband und Leine nicht mühsam anzutrainieren. In der Regel sind die besten Freunde des Menschen mit den Utensilien vertraut und machen bei einem Spaziergang keine Schwierigkeiten.

Hierbei spielen die Erfahrungen und das Wesen des Hundes eine wichtige Rolle. Sofern Dein Hund in einer freundlichen Umgebung aufwuchs und die richtige Prägung erfuhr, stellt er ein unkompliziertes Familien-Mitglied dar. Gehst Du beruflich oder privat öfter aus dem Haus, eignet sich der ausgewachsene Bully als Begleiter den Du mitnehmen kannst, der keinen Blödsinn veranstaltet.
Ein sozialisierter Hund kennt die Vielzahl der Gegenstände und muss sie nicht in abenteuerlichen Aktionen erkunden.
Bleibt die Englische Bulldogge allein zu Hause, brauchst Du Dir ebenfalls keine Gedanken zu machen. Für einen Zeitraum von drei bis vier Stunden benimmt sich Dein Vierbeiner ohne Deine Anwesenheit gesittet.

Allerdings besteht bei dem Kauf eines ausgewachsenen Bullys die Gefahr einer schlechten Vergangenheit des Tieres. Kennst Du die vollständige Lebensgeschichte des Vierbeiners bis zu dem Punkt des Erwerbs nicht, kommen unter Umständen Probleme auf Dich zu.

Beispielsweise besteht die Möglichkeit, dass der Bully in speziellen Situationen unangenehme Erfahrungen erleiden musste. Resultieren daraus bisher verborgene Ängste oder Macken, kann es schwer sein, den besten Freund des Menschen unter Kontrolle zu halten.

Da sich der Charakter des Bulldogs erst im Alltag vollständig zeigt, stellt ein erwachsener Hund ausschließlich für Kenner eine gute Wahl dar.

Kaufst Du Dir die Englische Bulldogge als erstes Haustier, empfiehlt es sich, einen Welpen ins Haus zu holen.

In jedem Fall erhält die Erziehung des neuen Familien-Mitglieds einen hohen Stellenwert. Sobald der Bully in der Wohnung ankommt, sollte er seine Stellung im Rudel erkennen – und die ist nicht das Oberhaupt der Familie, sondern als rangniedrigstes Mitglied. Speziell diese Unterteilung bekommt Relevanz, damit der Vierbeiner auch andere Familien-Angehörige problemlos akzeptiert. Feste Regeln und Grenzen nehmen eine wichtige Bedeutung für die Integration der Englischen Bulldogge ein.

Daher kommt es bei Ersthaltern mit einem Welpen in der Regel zu wenigen Problemen. Damit ihr beide wachsen und euch gegenseitig kennenlernen könnt, kannst Du über den Besuch einer Hundeschule nachdenken. Die praktischen Tipps der Trainer helfen Dir, Deinen jungen Hund an Richtlinien zu gewöhnen. Gleichzeitig freut sich das Tier über die gemeinsame Zeit und das spielerische Lernen.
Sobald Du den Bully in Dein Heim holst, bemerkst Du die Unterschiede zwischen einem Welpen und einen reifen Bully. Vorwiegend der Kontakt mit anderen Haustieren gestaltet sich bei einem kleinen Rassehund unkompliziert, da er innerhalb des „Rudellebens" spielerisch seine Stellung kennenlernt. Bei einem erwachsenen Bulldog besteht das Risiko, dass heftige Rangkämpfe ausbrechen, die im schlimmsten Fall mit ernsten Verletzungen einhergehen.

Bully Bild72 eriklam©123RF.com

Für die Eingewöhnung in einen neuen Haushalt benötigt die Englische Bulldogge ausreichend Zeit. Dabei ist es nicht von Belang, ob es sich bei ihr um einen Welpen oder einen erwachsenen Hund handelt. Es empfiehlt sich, dass Du Dir einige Tage freinimmst, um Dein neues Haustier kennenzulernen und ihm seine Umgebung zu zeigen.

Vorwiegend bei kleineren Kindern lohnt es sich, zu beachten, dass sie den Familienhund nicht bedrängen. Streicheleinheiten sind für den zunächst unsicheren Vierbeiner Balsam für die Seele, doch zu viel Nähe weckt beispielsweise Aggressionen. Aus dem Grund benötigt das Tier ausreichend Freiraum, um sein neues Revier selbstständig zu erkunden und sich an die „Rudelmitglieder" zu gewöhnen. Bereits nach wenigen Wochen kannst Du die Fortschritte Deines Hundes bewundern und ihn auf diese Weise vollständig in den Alltag einbinden.

Rüde oder Hündin – wer darf ins Haus?

Möchtest Du lieber einen Rüden oder eine Hündin in Deine Familie integrieren? Diese Frage kommt ebenfalls vor dem Kauf der Englischen Bulldogge auf Dich zu.

Die Wahl des Geschlechts des Hundes hängt vorwiegend von Deinen Vorstellungen und Erwartungen ab. In der Regel verfügen die männlichen Vertreter der Art über einen stureren Charakter und mehr körperliche Stärke. Demnach brauchst Du für die Erziehung eines Rüden eine große Portion Durchsetzungsvermögen. Im Gegensatz zu den weiblichen Tieren erscheinen die männlichen Bullys etwas größer und stämmiger.

Allerdings solltest Du bedenken, dass Rüden mit Vorliebe ihr Revier markieren, um ungebetene Artgenossen von diesem fernzuhalten.
Des Weiteren entwickeln sich auch die niedlichsten Welpen irgendwann zu liebestollen Rüden, die ihrer Begeisterung für die angebetete Hündin lautstark Ausdruck verleihen.
Befindet sich eine läufige Hündin in der Umgebung, musst Du damit rechnen, dass Dein Rüde zu einem „verliebten Gockel" mutiert. Nächtliches Heulen und tägliches Bellen stehen in dem Fall auf der Tagesordnung und können beispielsweise zu Schwierigkeiten mit den Nachbarn führen.

Gleichzeitig verfügen die männlichen Bullys über zahlreiche kreative Strategien, um zu der Hündin ihrer Wahl zu gelangen. Rüden können dabei zu wahren Ausbrechern werden und du kannst dich da unter Umständen auf einige Aktionen deines Hundes gefasst machen.

Des Weiteren besitzen vorwiegend die nicht kastrierten Rüden ein hohes Aggressions-Potenzial und lassen sich mit Vorliebe auf Rangkämpfe mit vermeintlichen Nebenbuhlern ein. Oftmals handelt es sich bei den Streitereien ausschließlich um Shows, um dem Weibchen die eigene Stärke zu demonstrieren. Daher kommt es in der Regel nicht zu ernsthaften Auseinandersetzungen, sodass keine schwerwiegenden Verletzungen drohen. Bei den weiblichen Vertretern der englischen Rasse sieht das anders aus. Hündinnen kämpfen im Normalfall aus der instinktiven Sorge um ihren Nachwuchs, selbst wenn das Tier noch keine Welpen warf.

Aus dem Grund neigen Hündinnen in einem Kampf, der allerdings seltener auftritt als bei Rüden, nicht zu Zimperlichkeiten. Ihre Statur unterscheidet sich von dem Leib ihrer männlichen Artgenossen aufgrund der Größe und der geringeren Masse. Daher wirken die weiblichen Tiere oftmals etwas zierlicher. Leiden die Rüden in der Umgebung an einem liebestollen Verhalten, kann der Grund in einer paarungsbereiten Bully-Dame bestehen.
Du bemerkst Die Läufigkeit Deiner Hündin an ihrem anschmiegsamen Benehmen, das jedoch schnell in Aufmüpfigkeit umschlagen kann.

Ebenso wie der menschliche Körper stößt der Organismus des Vierbeiners unbefruchtete Eizellen ab.

Damit sich in Deiner Wohnung keine Blutflecken sammeln, kannst Du Deiner Bully-Dame eine improvisierte Binde anlegen.

Beispielsweise eignen sich zu dem Zweck entsprechende Hunde-Anzüge, in denen sich eine aufnahmefähige Damenbinde befindet.

Damit es in dieser Zeit nicht zu einem unerwünschten Welpensegen kommt, sollte sich die Hündin nicht ohne Aufsicht im Freien aufhalten. Ebenso wie ihre männlichen Artgenossen verfügen die weiblichen Bullys über das Talent, durch undichte Zäune zu türmen. Daher besteht die Notwendigkeit, ein wachsames Auge auf die läufige Hündin zu richten.

Ein deutliches Merkmal für die Geschlechtsreife der weiblichen Englischen Bulldogge stellt die Blutung dar.

Mit etwas Glück gewöhnt sich Dein Hund schnell an die schützende Konstruktion und bekommt beim Laufen keine Probleme. Jedoch besteht die Möglichkeit, dass die Hündin dem Anzug nichts Positives abgewinnen kann und mit allen Mitteln versucht, diesen abzustreifen.

Woher soll deine Englische Bulldogge kommen?

Sobald Du die Entscheidung fällst, ob Du einen Rüden oder eine Hündin bevorzugt, geht es an die Kaufvorbereitung des Bullys.

Aber woher soll dein Rassehund stammen? Hierbei bietet sich Dir die Möglichkeit, die Englische Bulldogge von einem professionellen Züchter zu kaufen oder Dich an eine Hobbyzucht zu wenden.
Alternativ bieten Privatpersonen, deren Hündinnen unerwünschten Nachwuchs bekommen, ihre Welpen über verschiedene Wege zum Verkauf an. In einigen Fällen existiert sogar die Option, einen kleinen Vertreter dieser Rasse unentgeltlich bei sich aufzunehmen.

Niemals solltest Du ein Tier aus einer anonymen Anzeige im Internet kaufen, auch wenn da vermeintlich niedrige Preise locken.

Der Bully aus dem Tierheim – Was gibt es zu beachten?

Möchtest Du einem ausgewachsenen Vierbeiner ein neues Zuhause geben, kannst Du in deinem regionalen Tierheim oder einer Not-Anlaufstelle für Bulldoggen nach dem passenden Bully suchen, dies geht per Internet auch bundeweit relativ einfach.
Jedoch möchten wir Dich darauf hinweisen, dass sich eine Englische Bulldogge aus dem Tierheim vorwiegend für Hundekenner mit langjähriger Erfahrung eignet.
Schließlich kennen die Mitarbeiter der Einrichtung die Vorgeschichte ihrer tierischen Zöglinge oft nicht. Daher kommt es vor, dass ein Vierbeiner aus dem Tierheim schlimme Erfahrungen erleiden musste und diese seelisch bisher nicht verarbeiten konnte. Das liegt daran, dass die Erziehung in den ersten Lebensmonaten sowie die Prägung einen wesentlichen Faktor bei der Entwicklung der Hunde darstellen.

Anzeige

(Not-) Bulldoggen die dringend ein neues Heim suchen!

Vermittlung von (Not)Bulldoggen
www.bulldogssearchhome.de

Dorty Chiofalo
Oeckinghausen
58553 Halver

Tel.: 02353- 6684898
Mobil: 0173- 2197366
(Anrufe bitte nur bis 21 Uhr!)
info@bulldogssearchhome.de

Gleichzeitig beeinflussen die elterlichen Gene den Charakter der Englischen Bulldogge. In einem Tierheim lernst Du die Elterntiere Deines Wunschhundes in den seltensten Fällen kennen. Daher lassen sich die Eigenheiten des Bullys nur schwer einschätzen.
Auf den ersten Blick benimmt sich das neue Familienmitglied anpassungsfähig und liebenswert. Jedoch führt unter Umständen eine bestimmte Situation zu einem veränderten Verhalten des Hundes. Verarbeitet er beispielsweise frühere Erlebnisse, kommt es zum Auftreten von Aggressionen oder unbegründeten Ängsten.

Bei einem Tier aus dem Tierheim kennst Du die Krankengeschichte der ausgesuchten Englischen Bulldogge nicht. Eventuell leidet der Hund an einer chronischen Erkrankung, die zahlreiche Besuche bei einem Veterinär erfordert. Aufgrund eines geschwächten Immunsystems besteht gleichermaßen die Option, dass sich das Tier anfällig für die gängigen Infektionen erweist.

Bereits ein einziger Zeckenbiss kann sich daher zu einer kostspieligen Komplikation entwickeln. Erfahrene Hundehalter stellen sich in der Regel schneller auf die Eigenheiten ihres neuen Familienmitglieds ein. Sie wissen um die typischen Wesenszüge ihrer tierischen Schützlinge und gehen aus dem Grund behutsamer mit ihnen um. Nimmst Du einen Bully aus dem Tierheim bei Dir auf, solltest Du auch Deine Familie auf eventuelle Schwierigkeiten mit dem Vierbeiner hinweisen. Speziell Kinder freuen sich, wenn sie den niedlichen Spielgefährten streicheln und herzen können.

Bully Bild73 fastfun23©123RF.co

Ein unsicherer Hund interpretiert die Nähe im schlimmsten Fall als Angriff und reagiert aggressiv. Aus dem Grund besteht in den ersten Wochen mit der Englischen Bulldogge die Notwendigkeit, ihr Verhalten zu studieren.
Sobald Du merkst, welche Situationen das Tier fürchtet, kannst Du diesen aus dem Weg gehen.
Auf diese Weise sorgst Du für die Beruhigung Deines Gefährten und minimierst seine Furcht vor alltäglichen Begebenheiten. Sobald sich der Hund in Deiner Gesellschaft entspannt, können die Kinder das neue Familienmitglied näher kennenlernen.

Bully Bild75 Isselee©123RF.com

Mit Geduld und Einfühlungsvermögen gelingt es euch, die Englische Bulldogge als liebenswerten Begleiter und Beschützer zu gewinnen. Bist Du Dir bei dem Charakter des Vierbeiners noch unsicher, brauchst Du ihn nicht sofort mit nach Hause zu nehmen.

Eine Vielzahl von Tierheimen bieten vor der Übernahme des Hundes Spaziergänge mit ihren Schützlingen an, so kannst du den Hund vorher etwas kennenlernen.

Unternimmst Du mehrmalige Wanderungen mit dem Bully aus dem Tierheim lernst Du seine Eigenheiten auf behutsame Weise kennen. Zudem kannst Du den Bully Deiner Wahl regelmäßig im Tierheim besuchen, um sein Wesen in verschiedenen Situationen und Stimmungslagen zu erkunden. Dadurch entwickelt sich zwischen euch eine erste Vertrauensbasis. Der Bully soll ja glücklich werden und ein liebevolles Zuhause finden.

Wie findet sich ein professioneller Bully-Züchter?

Möchtest Du einen Bully-Welpen direkt von einem Züchter erwerben, solltest Du Dich zunächst über die entsprechenden Adressen in Deiner Umgebung informieren. Eine Auflistung einiger Züchter in deiner Nähe findest Du auch auf unserer Webseite www.englische-bulldogge-freunde.de.

Auf diese Weise gelingt es den Interessenten, zunächst einen Überblick über die Bully-Züchter zu erlangen. Du solltest bedenken, dass Du Dir mit einer Englischen Bulldogge ein denkendes und fühlendes Wesen und keinen Haushalts-Gegenstand in das Zuhause holst.
Daher besteht die Notwendigkeit, sich für die Auswahl des geeigneten Vierbeiners ausreichend Zeit zu nehmen.

Um bei einem seriösen Züchter den Bully fürs Leben zu erwerben, kannst Du die einzelnen Züchter miteinander vergleichen.

Vorwiegend auf die Sauberkeit und die Unterbringung der Welpen gilt es, einen prüfenden Blick zu werfen.
Des Weiteren spielt das Verhalten des Züchters gegenüber den jungen Hunden eine wesentliche Rolle. Geht er sichtlich grob mit seinen Hunden um, könnten die Tiere mit zunehmendem Alter Aggressionen entwickeln. Daher bewährt es sich, die Züchter mehrmals vor Ort aufzusuchen, um ihr Verhältnis zu den Bullys unter die Lupe zu nehmen.

Einen langen Anfahrtsweg sollte Dir Dein vierbeiniger Begleiter wert sein, es gibt in Deutschland wenige Züchter und nicht immer findest Du den passenden Hund direkt bei dem ersten Züchter.

Bully Bild77 Cole123RF©123RF.com

Damit Du Dich für eine Englische Bulldogge, die Deinen Erwartungen und Vorstellungen entspricht, entscheiden kannst, lasse bitte genügend Sorgfalt walten. Ebenso passiert es, dass längere Wartezeiten auf Dich zukommen können, da die Nachfrage nach den charakteristischen Rassehunden stetig steigt. Am besten informierst Du Dich vorher per Internet auf den Züchter-Webseiten und kannst dann telefonisch Kontakt zum Züchter aufnehmen.
Mit ausreichend Geduld findet sich eine kleine Englische Bulldogge, die freudig auf ihr neues Zuhause wartet. Jedoch solltest Du bedenken, dass ein gesunder Vierbeiner dieser Rasse sich einiges kosten lässt. Mittlerweile liegt der durchschnittliche Preis für einen Bully-Welpen bei 1.600 bis 2.200 Euro.

Wie erfolgt die Welpen-Auswahl?

Findest Du einen Züchter, der mehrere freie Welpen besitzt, stellt sich die Frage, welcher Welpe sich für Dich eignet. Bei der Auswahl des neuen tierischen Familien-Mitglieds solltest Du ebenfalls so viel Sorgfalt walten lassen wie bei der Begutachtung des Züchters.

Beispielsweise nimmt die äußere Erscheinung des kleinen Hundes einen bedeutenden Stellenwert ein. Sieht die Englische Bulldogge gesund und wohlernährt aus?
Glänzt ihr Fell und wirken ihre Bewegungen flüssig und koordiniert? Bemerkst Du, dass der Pelz Deines ausgewählten Vierbeiners einen seidigen Glanz aufweist, deutet dies auf die Gesundheit des Bullys hin.

Dagegen besteht bei struppigen und verfilzten Haaren der Verdacht einer Erkrankung oder einer fehlenden Pflege seitens des Züchters.
Neben dem Aussehen erhält der Charakter des Welpen eine hohe Priorität. Eine gesunde Englische Bulldogge sollte sich aufgeschlossen und freundlich zeigen.

In manchen Fällen verhalten sich die kleinen Hunde anfangs schüchtern, was kein Problem darstellt. Doch verbringst Du einige Zeit mit den Tieren, sollte sich ihr Benehmen deutlich verändern. Ausschließlich bei Bullys, die sich neugierig und selbstbewusst präsentieren, kannst Du von einer physischen und psychischen Gesundheit ausgehen. Der junge Hund darf Dir nicht aggressiv oder übermäßig ängstlich entgegentreten.

Bully Bild84 Cole123RF©123RF.com

Welpen Test - zur Wahl deiner Englischen Bulldogge

Bevor du Dich für einen Welpen entscheidest und Du einen ruhigen ausgeglichenen Familienhund suchst, können Dir diese Tests helfen die richtige Welpen-Auswahl zu treffen.

Störungs-Test auf gesundes Wesen:

Gehen Sie mit dem Welpen in einen abgeschlossenen Raum den er nicht kennt und setzen Sie Ihn auf den Boden, entfernen Sie sich ein Stück- beobachten Sie das Verhalten:

1. Er wedelt mit dem Schwanz und untersucht den neuen Raum und alle Gegenstände neugierig
2. Er rennt zu Ihnen bellt, uriniert und droht,
3. Er ignoriert Sie und betrachtet auch den neuen Raum nur uninteressiert
4. Er versteckt sich hinter Ihnen und uriniert in den Raum

Dominanz überprüfen:

Setzen Sie den Welpen in die Platz-Haltung und streicheln Sie ihn mit leichtem Druck auf Kopf und Rücken:

1. Er wehrt sich anfänglich, lässt sich aber beruhigen und schaut sie sicher an
2. Er windet sich knurrend und wehrt sich und will die Haltung beenden
3. Er wehrt sich und beißt und kratzt
4. Er winselt auf dem Rücken und leckt Ihre Hände

Anziehung & Prägung überprüfen:

Trennen Sie den Welpen von der Gruppe, setzen Sie den Welpen ab gehen Sie ein paar Meter weiter, rufen Sie ihn und klatschen Sie:

3. Er reagiert, kommt sofort angelaufen, wedelt mit dem Schwanz
2. Er kommt langsam angelaufen
3. Er kommt sehr verzögert angelaufen
4. Es kommt nicht, Sie können Ihn nicht interessieren

Bully Bild22 isselee©123RF.com

Welpen-Test-Ergebnisse

Antwort 1: sehr gut geeigneter Familienhund, ausgeglichener und anpassungsfähiger Welpe.

Antwort 2: dominanter Hund der auch aggressiv werden kann, eventuell schlecht sozialisierter Hund

Antwort 3: sehr eigenwilliger Charakter

Antwort 4: sehr unterwürfiger Charakter

Wenn der Welpe die Tests besteht und äußerlich gesund erscheint kannst Du ihn in Dein Herz schließen, bitte dann den Züchter um die relevanen Zucht-Unterlagen.

In den Dokumenten stehen beispielsweise die Abstammung der Elterntiere sowie eventuelle Erkrankungen. Mit einem Blick auf die Mutter der Welpen und – falls das möglich ist – auf den Vater findest Du heraus, ob die Tiere über eine freie Atmung und einen intakten Bewegungs-Apparat verfügen.
Die Mehrzahl der Züchter bietet Dir Spaziergänge mit den Elterntieren an. Nimmst Du das Angebot an, lernst Du auf einer gemeinsamen Tour einiges über das Wesen der Englischen Bulldoggen und damit über ihre Welpen. Die Vererbung spielt bei speziellen charakterlichen Eigenschaften bei den Bullys eine bedeutende Rolle.

Obwohl alle Jungtiere in der Regel von einem Elternpaar abstammen, heißt das nicht zwingend, dass sie über sämtliche Wesenszüge dieser Tiere verfügen. Stattdessen sind junge Hunde ebenso unterschiedlich wie menschliche Geschwister. Es lohnt sich, wenn Du Dich im Vorfeld über den Charakter der kleinen Vierbeiner informierst. In einem seriösen Zwinger wachsen die Englischen Bulldoggen in einem engen Kontakt zu ihren Besitzern auf, sodass sich diese mit den Eigenheiten ihrer Zöglinge auskennen.

Aus dem Grund kann Dich der Züchter bei der Auswahl eines geeigneten Bully-Welpen unterstützen.

Vor dem Kauf des Hundebabys kannst Du auch genau auf das Verhalten des Züchters achten. Ein engagierter Züchter dem seine Hunde etwas wert sind, wird Dich immer ausführlich befragen, wie du dir dein Leben mit dem Bully vorstellst, ob Du bereits über Hunde-Erfahrung verfügst und wie sich Deine Wohnsituation aufzeigt.

Der Züchter sollte Dir dann nützliche Tipps zur Haltung und Eingewöhnung des Welpen geben, vielleicht empfiehlt er Dir auch dieses Buch.

Bully Bild76 grigory_bruev©123RF.com

Was Dich beim Züchter erwartet

Nach diesen ersten Vorbereitungen konntest Du vielleicht schon einen Welpen mit unserem Welpentest begutachten, wenn nicht kann Dir ein guter Züchter auch einen seiner Welpen empfehlen, denn auch bei den kleinen Bullys gibt es aufgeschlossene Abenteurer, schüchterne Schmusebacken, Rumtreiber und anhängliche Gesellen. Der gute Züchter sollte seine Welpen kennen.
Zudem befragt Dich ein seriöser Züchter, ob sich Kinder oder andere Haustiere in Deiner Wohnung befinden. Ebenso steht die tägliche Freizeit im Mittelpunkt, da die Englische Bulldogge von Dir eine Menge Aufmerksamkeit verlangt.

Entscheidest Du Dich für einen Welpen, solltest Du ihn nicht direkt mit nach Hause nehmen. In der Regel bleiben die kleinen Vierbeiner bis zu ihrer zwölften Lebenswoche bei der Mutter, damit diese die erste Sozialisierung übernimmt. Eine frühere Trennung zwischen Muttertier und Welpen kann im schlimmsten Fall zu seelischen Ängsten des Hundebabys führen. Dadurch bilden sich Eigenheiten in seinem Charakter, die sich als unerwünscht erweisen.

Aus dem Grund gelten Züchter, die ihre Welpen vor dem dritten Lebensmonat abgeben, als unseriös. Ebenso lässt Du Dir von dem Besitzer der Englischen Bulldoggen besser keinen Hund aufschwatzen. Gleichzeitig lässt Du Dich nicht bedrängen. Schließlich sollte dem Züchter nicht das Geld, sondern das Wohl seiner Vierbeiner am Herzen liegen. Kritische Fragen seinerseits stellen demnach keine Impertinenz, sondern ein verantwortungsvolles Handeln dar. Reserviert Dir der Züchter einen Bully-Welpen, solltest Du vor dessen Abholung mehrere Besuchs-Termine vereinbaren. Auf diese Weise lernt Dich Dein neuer Gefährte besser kennen und gewöhnt sich an Deine Anwesenheit.

Zusätzlich solltest Du ein Handtuch oder ein Kissen mit in den Zwinger bringen, das Du an den Schlafplatz des kleinen Hundes legst. Innerhalb kurzer Zeit nimmt der Stoff den Geruch der Hundemutter und der anderen Welpen an. Sobald Du Deinen tierischen Mitbewohner abholst, nimmst Du das Kissen wieder mit und legst es in das Körbchen des Haustiers. Somit riecht der Vierbeiner die vertrauten Düfte und lebt sich schneller in seinem neuen Heim ein. In einigen Fällen kommt es vor, dass der Züchter auch nach der Kaufabwicklung Kontakt zu Dir aufnimmt, um sich über den Welpen zu informieren. Dieses Verhalten solltest Du nicht als Aufdringlichkeit, sondern als gerechtfertigte Sorge ansehen.

Mitleidskäufe sind keine Alternative

Findest Du auf die Schnelle keinen Welpen aus einer kontrollierten Zucht, wende Dich bitte keinesfalls an zwielichtige Schwarz-Züchter.
Kaufe deinen Hund niemals auf Polnischen oder Tschechischen Märkten, aus unseriösen Quellen aus dem Internet oder aus dubiosen Zeitunsanzeigen. In dem Fall liegen die Abstammung sowie die Krankengeschichte der Englischen Bulldoggen oftmals im Dunkeln. Ebenso kannst Du Dich nicht auf die Herkunft des Vierbeiners verlassen. Statt einem stolzen Rassehund bekommst Du im schlimmsten Fall einen kränkelnden Mischling. Zusätzlich besteht die Gefahr, dass der Bully aus einer unkontrollierten Zucht an chronischen Krankheiten oder Verhaltens-Störungen leidet. So niedlich der beste Freund des Menschen aussehen mag, bedenke, dass Du bis zu zehn Jahren mit ihm verbringst. An einem kranken oder aggressiven Hund hast Du im Regelfall keine Freude. Ausschließlich bei den seriösen Züchtern existieren strikte Zuchtauflagen, welche den Grundstein für eine gesunde Entwicklung des Vierbeiners legen.

Bemerkst Du, dass ein Züchter Würfe mehrerer Rassen in seinem Zwinger hält, solltest Du nähere Nachforschungen anstellen. Das Verhalten lässt auf einen rein kommerziellen Nutzen der Tiere schließen.

Ob das Wohl der Englischen Bulldoggen dem Besitzer am Herzen liegt, kannst Du auf diese Weise nicht erkennen. Jedoch solltest Du bei einem professionellen Händler die Finger von einem kränkelnden oder schwachen Hund lassen. Auch wenn Dich die traurigen Hunde-Augen vielleicht nachgiebig machen, stellt ein Mitleidskauf keine Alternative dar. Schließlich besteht bei schwächelnden Tieren vermehrt die Notwendigkeit eines Besuches beim Tierarzt. Zusätzlich kommt es vor, dass die kranken Vierbeiner ein besonderes Futter oder Medikamente benötigen.

Bully Bild67 grigory_bruev©123RF.com

Bully Bild Cole123RF©123RF.com

Ein Bully kommt nachhause.

Welches Zubehör benötigt die Englische Bulldogge?

Bevor Du den neuen tierischen Begleiter in Dein Haus holst, steht die Anschaffung des notwendigen Zubehörs im Mittelpunkt. Dabei gilt es, das Alter des Vierbeiners zu beachten. Aufgrund ihrer geringen Größe brauchen die Welpen spezielle Halsbänder und Leinen, die über ein passendes Gewicht verfügen. Demnach drückt das Material nicht auf den Schulterbereich des kleinen Hundes, um eine Fehl-Entwicklung im Wachstum zu vermeiden.

Gleichzeitig besteht die Notwendigkeit, das Halsband auf den Halsumfang Deiner Englischen Bulldogge optimal einzustellen. Besitzt das Band eine übermäßige Länge, bleibt der Bully im schlimmsten Fall an einer herausstehenden Kante oder einem Ast hängen und stranguliert sich. Ebenso existiert die Möglichkeit, dass der vierbeinige Freigeist sich aus dem Halsband windet und auf Entdecker-Tour geht.

Daher gehören bereits vor dem Einzug der Englischen Bulldogge folgende Utensilien in sein neues Zuhause:

- ein Welpenhalsband,
- ein leichtes Welpengeschirr
- und eine Leine.

Speziell bei dem Führstrick spielt ebenfalls das Gewicht eine wesentliche Rolle. Vorwiegend eignen sich Produkte aus Nylon, da sie gegenüber Leinen aus Leder mehrere Vorteile besitzen. Das Nylon wiegt weniger als der kompaktere Naturstoff und belastet den kleinen Bully dadurch nicht. Neben dem geringeren Gewicht verfügt eine Nylonleine über den positiven Effekt der Stabilität. Selbst ein Welpe, der sich als wahres Raubein erweist, kann an dem Material ziehen und zerren, das Nylon reißt nicht. Den dritten Vorteil einer Nylonleine stellt ihre einfache Reinigung dar. In der Regel reicht ein feuchter Wischlappen aus, um das Zubehör von Staub und Schmutz zu befreien. Zudem ist das Material wasserfest, sodass Du keine Schäden an der Leine zu befürchten brauchst.

An den Führstrick und das Halsband gewöhnst Du Deine Englische Bulldogge am besten von Kindesbeinen an, du kannst den Bully spielerisch an die Utensilien gewöhnen. Auf diese Weise bringt der Hund Leine und Halsband mit positiven Erfahrungen in Verbindung und verweigert sich dem Anlegen nicht.

Bully Bild 80 Cole123RF©123RF.com

Leine und Halsband wachsen zwingend mit dem Welpen mit. Das bedeutet, dass ein größerer Hund auch ein breiteres Band benötigt. Andernfalls besteht das Risiko einer erschwerten Atmung.

Da die Englische Bulldogge aufgrund ihrer Züchtung oftmals unter zu engen Luftwegen leidet, führt eine weitere Beeinträchtigung der Atmung zu schwerwiegenden Komplikationen. Beispielsweise droht dem tierischen Gefährten bei einem zu straffen Halsband eine Erstickungsgefahr.

An dem Band des Haustiers kannst Du die Plakette mit der Steuernummer sowie ein Etui mit Deiner Adresse befestigen. Ebenso wie die Leine sollte der Hund Schild und Etui frühzeitig als Bestandteil des Halsbands akzeptieren. Kennt er die Anhängsel nicht, irritiert ihn das Klappern, sodass er unter Umständen versucht, sich des Bands zu entledigen. Vorwiegend bei einer Abenteuer-Tour auf eigene Faust bekommt das Adress-Schild an dem Halsband eine wichtige Bedeutung.

Auf diese Weise wissen Passanten, wohin der kleine Ausreißer gehört. Schreibst Du zusätzlich Deine Telefonnummer auf die Plakette, kannst Du beim Auffinden des Haustiers um Rückrufe bitten. Neben diesen Utensilien besteht die Möglichkeit, den Welpen bei einem Tierarzt markieren zu lassen.

Hierbei unterscheiden sich die zwei wesentlichen Maßnahmen in der Form ihrer Anbringung.

Beispielsweise besteht für Dich die Möglichkeit, Deiner Englischen Bulldogge ein Identifikations-Tattoo zu besorgen.

Bei dem Veterinär erhält das Tier eine in der Regel schwarze Tätowierung am Ohr. Du erkennst einen speziellen Zahlencode, der ausschließlich für Deinen Vierbeiner gilt.

Geht beispielsweise das Halsband verloren, weist Dich das Tattoo dennoch als Besitzer des Bullys aus.

Bully Bild 30 isselee©123RF.com

Hierbei solltest Du jedoch nicht vergessen, die entsprechende Nummer des Tattoos in den Hundepass Deines Vierbeiners einzutragen. Alternativ wählst Du einen ID-Chip, den ebenfalls der Tierarzt dem Rassehund einsetzt. Im Regelfall verfügt das Gerät über die Größe eines Reiskorns, sodass Du keine Beeinträchtigungen für Deinen Hund zu befürchten brauchst. Vorrangig spritzt der Veterinär das Element unter die Haut des Nackens. An diesem Platz stellt es kein Problem dar, den Code des Chips mit einem Lesegerät zu entziffern. Auch hierbei handelt es sich um eine Zahlenkombination, die ausschließlich für die Englische Bulldogge gilt. Sobald Du die Ziffern in den Hundepass überträgst, kannst Du in jedem Fall nachweisen, dass der Bully zu Deinem Haushalt gehört.

Läuft das Tier weg und gelangt beispielsweise in ein Tierheim, kommen die Vorteile der Identifikations-Merkmale zum Tragen.

Bully Bild 81 Cole123RF©123RF.com

Eine Vielzahl deutscher Einrichtungen und Tierärzte verfügen bereits über die Lesegeräte, um die Chipnummern zu offenbaren. Somit besteht eine reelle Chance, dass Du den verschwundene Hund schnell wieder daheim begrüßen darfst. Um das frühe Auffinden des Ausreißers zu
gewährleisten, besteht die Notwendigkeit,
die Chipnummer in einer Datenbank einzutragen.

Bully Bild 82 Cole123RF©123RF.com

Im Internet findest Du beispielsweise die Webseiten der Tier-Registrierungsstelle TASSO e.V.
www.tasso.net

In einem unkomplizierten Anmeldeformular gibst Du die wichtigsten Auskünfte über Deinen Vierbeiner ein und meldest ihn auf diese Weise auf der Seite an. Neben dem Namen und dem Wohnort des Hundes spielen seine äußerlichen Merkmale und die Chipnummer eine wesentliche Rolle.

Ebenso eignen sich die Tier-Registrierungsstellen, um die Tattoo-Nummern in die internationale Datenbank zu speisen. Allerdings gilt es, zu bedenken, dass die Chipnummer ausschließlich mit dem Lesegerät nachzuweisen ist.
Findet ein Passant Deine Englische Bulldogge auf der Straße, fällt die Identifikation des Hundes unter Umständen schwer.
Daher stellen die Tätowierung und der Chip keinen Ersatz für das Halsband mit der Namensplakette des besten Freundes des Menschen dar. Pflanzt der Tierarzt Deiner Englischen Bulldogge einen Chip ein, brauchst Du keine gesundheitlichen Komplikationen für das Tier zu befürchten. In der Regel sitzt der Fremdkörper unterhalb der obersten Hautschicht und dringt nicht tief in das Gewebe ein. Gleichzeitig besteht für den Rassehund keine Möglichkeit, den Chip durch übermäßiges Kratzen zu lockern oder abzulösen.

Die durch den Einstich verursachte Wunde ist klein, sodass ausschließlich ein minimales Risiko für eine Entzündung besteht. Bemerkst Du, dass sich Dein Bully vermehrt an der Körperstelle kratzt, reicht ein leichtes Mittel zur Desinfektion, um die gereizte Haut zu beruhigen. Legst Du Deinem Welpen sein erstes Halsband an, spielt der richtige Sitz des Zubehörs eine tragende Rolle. Das Leder umschmiegt den Hals Deines Hundes nicht zu fest, lässt ihm aber auch nicht zu viel Spielraum. Um den korrekten Sitz des Bandes zu überprüfen, eignet sich der Zwei-Finger-Test. Hierbei schiebst Du Zeige- und Mittelfinger zwischen die Hundehaut und das Halsband. Funktioniert dies ohne Probleme, bekommt Dein Haustier genügend Luft, ohne dass das Utensil verloren gehen kann.

Wie wird Dein Zuhause welpensicher?

Vor dem Einzug der Englischen Bulldogge gilt es, sämtliche Gefahrenquellen zu entfernen. Dazu gehören beispielsweise Fernseh- oder Computerkabel, die der Hund problemlos erreichen könnte. Beißt er hinein, kommt es im schlimmsten Fall zu einem gefährlichen Stromschlag. Ebenso stellen mobile Steckdosen eine mögliche Gefahr für den jungen Vierbeiner dar. Das neugierige Tier untersucht jeden Gegenstand gründlich, sodass er seine Nase auch in offene Steckdosen steckt.

Um das zu vermeiden, besteht die Möglichkeit, eine Kindersicherung an den erreichbaren Steckdosen anzubringen. Gleichzeitig bedenkst Du besser, dass Englische Bulldoggen über einen besonderen Entdeckergeist verfügen. Kein Schubfach und kein Schrank ist vor den cleveren Gesellen sicher. Daher existiert die Notwendigkeit, Putzmittel und Reiniger in verschließbaren Fächern aufzubewahren. Befinden sich in gut erreichbaren Schubladen spitze Gegenstände wie Scheren oder Messer, solltest Du diese ebenfalls gründlich verschließen.

Der Bully interessiert sich für jede Kleinigkeit. Daher kommt es vor, dass er mit Kopf und Pfote versucht, die Schubfächer zu öffnen, um den spannenden Inhalt zu begutachten. Des Weiteren stellen Pflanzen für den Vierbeiner einen abenteuerlichen Zeitvertreib und mitunter sogar einen Leckerbissen dar. Damit sich der Hund nicht an einer exotischen Blüte vergiftet, gehören für Tiere schädliche Blumen und Bäumchen auf erhöhte Stellplätze. Beispielsweise zählen die beliebten Orchideen zu den giftigen Pflanzen für die Bulldogge.

Bully Bild 99 cole123rf ©123RF.com

Jedoch versucht der Bulldog, nicht ausschließlich Grünzeug zu verspeisen. Zugleich stellen verstreut liegende Kleinteile wie Büroklammern, Reißzwecken oder Kleingeld interessante Spielsachen für den Rassehund dar. Verschluckt er eines dieser Dinge, kommt es zu einem Erbrechen oder zu einer Erstickungsgefahr.
Daher solltest Du darauf achten, keine kleinen Gegenstände auf dem Boden liegen zu lassen. Neben diesen Artikeln interessiert sich die Englische Bulldogge vorwiegend für baumelnde Objekte.

Ein Rollo-Kabel oder zu einem Vorhang gehörende Stricke fesseln die Aufmerksamkeit des Vierbeiners. Damit er Gardinen und Rollos nicht herunterreißt, empfiehlt es sich, die entsprechenden Kabel hochzulegen.
Als wichtig erweist sich die Tatsache, dass die jeweiligen Stricke dem Bully nicht vor der Nase baumeln.

Bewegen sie sich beispielsweise durch einen Luftzug, interpretiert der Hund dies als Aufforderung zum Spielen und reißt an dem Material.

Gleiches passiert bei Wäscheleinen und der daran aufgehängten Kleidung. Damit der Bully keinen Schaden anrichtet, gilt es, derartige Räume zu verschließen. Gleichzeitig geht die Englische Bulldogge mit Vorliebe ihrer Nase nach.

Riecht es in einem Abfalleimer appetitlich, steckt Dein Haustier unter Umständen seinen Kopf hinein und wühlt nach der vermeintlichen Leckerei.
Um Verschmutzungen vorzubeugen, eignen sich Mülleimer, die über einen festen Deckel verfügen. Damit Dein Bully nicht in Stockwerke läuft, in denen er nichts zu suchen hat, kannst Du die praktischen Babygitter an Treppenauf- und Abgängen anbringen.

Die ersten Tage mit dem Bully-Welpen

Holst Du den neuen Familienzuwachs ab, überreicht der Züchter Dir auch alle relevanten Dokumente.

Dazu gehören der Hundepass, der Impfpass sowie die Ahnentafel, sofern eine solche existiert. Des Weiteren geben seriöse Züchter ihren kleinen Schützlingen das bisher verwendete Futter als Übergangsnahrung mit. Auf diese Weise fällt dem Vierbeiner die Eingewöhnung in sein neues Heim leichter. Zusätzlich erfährst Du von einem professionellen Züchter nützliche Pflege- und Fütterungs-Tipps für Deinen tierischen Gefährten. Gleichzeitig lohnt es sich, eine Kopie des Wurfabnahme-Berichts einzufordern. Somit besteht für Dich die Möglichkeit, die Abstammung Deiner Englischen Bulldogge nachzuweisen. In der Regel geben die Mitarbeiter in einem professionellen Zwinger die kleinen Vierbeiner ab der zehnten Lebenswoche zu ihren neuen Besitzern.

Einige Züchter bestehen sogar darauf, die jungen Hunde bis zu ihrem abgeschlossenen dritten Lebensmonat bei der Mutter zu behalten.

Bei einem seriösen Züchter bekommst Du bereits entwurmte und geimpfte Welpen. Zudem bewährt es sich, zu erfragen, wann der junge Rassehund die nächste Wurmkur benötigt. Damit sich das tierische Familien-Mitglied in sein Zuhause eingewöhnt, lohnt es sich für Dich, einige Tage Urlaub zu nehmen. In dem Zeitraum lernt ihr euch gegenseitig kennen. Zudem erleichtert die intensive Beschäftigung mit dem Vierbeiner die Erziehung des Bully-Welpen. Sofern die Möglichkeit für Dich besteht, solltest Du über einen Zeitaufwand von zwei Wochen nachdenken.

Bringst Du die Englische Bulldogge mit dem Auto nach Hause, steht der richtige Transport im Vordergrund.

Der Hund kennt die neue Transportbox nicht und fürchtet sich vor der fremden Umgebung. Zusätzlich stellt das Autofahren für den Welpen eine unbekannte und in einigen Fällen beängstigende Erfahrung dar. Daher kann es vorkommen, dass der Vierbeiner stark speichelt oder sogar erbricht. Um verstärkte Erschütterungen zu vermeiden, empfiehlt es sich, die Transportbox festzuschnallen oder auf den Schoß zu nehmen.

Der Bully lernt sein Zuhause kennen

Nach der Fahrt zur Wohnung darfst Du die Englische Bulldogge nicht überfordern. Demnach gilt es, großen Lärm oder eine Bedrängung des Welpen zu vermeiden. Du bedenkst besser, dass der junge Hund zum ersten Mal die Trennung von seiner Mutter und der bekannten Umgebung erfährt.

Vor fremden Menschen und neuen Eindrücken fürchtet sich der kleine Kerl, sodass er unter Umständen nicht aus der Transportbox kommt. Hierbei bringt es nichts, den Vierbeiner gewaltsam aus der Box zu ziehen.
Dadurch steigert sich die Angst des Rassehundes.
Vielmehr braucht die Englische Bulldogge ausreichend Zeit, um sich in ihrem neuen Zuhause einzugewöhnen.

In einigen Fällen zieht sich der Prozess über einen Zeitraum von mehreren Tagen. Dabei besteht die Notwendigkeit, geduldig und verständnisvoll zu reagieren. Sobald sich der Welpe aus der Box traut, kannst Du ihm sein Körbchen zeigen. Damit Dein Haustier versteht, dass es sich um seinen Platz handelt, solltest Du Dich eine Weile mit ihm im Korb beschäftigen.

Bully Bild 93 isselee©123RF.com

Gleichzeitig übst Du mit dem Vierbeiner auf diese Weise das Kommando "Körbchen". Wiederholst Du den Befehl mehrmals, wenn sich der Hund an dem Liegeplatz befindet, verbindet er die Worte mit seinem Platz. Bemerkst Du, dass der Bulldog sich ruhiger verhält, kannst Du dem neuen Haustier seine Futterstelle zeigen. In jungen Jahren brauchen die Englischen Bulldoggen wie alle Welpen dreimal täglich ihre Nahrung, um eine gesunde Entwicklung zu gewährleisten. Solange das Futter von dem Züchter ausreicht, kannst Du dieses ohne Probleme verwenden.

Den vertrauten Geruch verbindet die Englische Bulldogge mit ihrer Familie. Aus dem Grund gewöhnt sich das Tier schneller ein. Eine spätere Umstellung des Futters sollte langsam und schonend erfolgen. Ein prompter Wechsel birgt die Gefahr aufkommender Magenprobleme. Dadurch erhöht sich das Risiko, dass der Welpe die Nahrungsaufnahme aufgrund eines stetigen Misstrauens verweigert.
Damit dein Bully die relevanten Nährstoffe für ein gesundes Wachstum bekommt, eignet sich spezielles Welpenfutter. Nach dem Fressen und dem Schlafen besteht die Notwendigkeit, den Bully-Welpen an die frische Luft zu führen, damit er sich erleichtert.

Vorwiegend junge Hunde neigen bei Aufregung zu einem verstopften Darm, was im schlimmsten Fall gesundheitliche Komplikationen nach sich zieht. Des Weiteren brauchen Welpen ausreichend Schlaf, der ohne Störungen verlaufen sollte.

Bemerkst Du, dass das neue Familien-Mitglied mehr schläft als ein älterer Hund, stellt der Umstand keine Besonderheit dar. Stattdessen benötigen die kleinen Vierbeiner die Ruhephase, um ihre Kräfte zu regenerieren. Bekommt der englische Rassehund Schwierigkeiten beim Einschlafen, könntest Du ihm einen Wecker unter das Kissen legen.

Das regelmäßige Tickern erinnert den besten Freund des Menschen an den Herzschlag seiner Mutter und gewährleistet ein schnelleres Einschlafen. Jault der Rassehund, besteht gleichermaßen die Möglichkeit, das Körbchen neben das Bett zu stellen, damit er Deine Geräusche wahrnimmt.
Jedoch sollte das Tier in keinem Fall mit in das Bett dürfen. Statt ihn zu beruhigen, sendest Du ihm damit falsche Signale. In der Folge verändert sich aus der Sicht der Englischen Bulldogge die Rangordnung in der Familie und er fühlt sich Dir gleichgestellt.

Bei Hunden aus dem Tierheim brauchst Du Geduld

Stammt Deine Englische Bulldogge nicht von einem Züchter, sondern aus einem Tierheim, benötigt sie für ihre Eingewöhnung in der Regel mehr Zeit. Hierbei steht eine aufmerksame Beobachtung des Vierbeiners im Vordergrund, um auffällige Verhaltensweisen zeitnah zu erkennen. Du solltest bedenken, dass Du die Hintergrund-Geschichte des Bullys nicht kennst. Banale Situationen wecken in dem neuen Familien-Mitglied unter Umständen verborgene Ängste, sodass es aggressiv reagiert.

Aus dem Grund erhält die Aufsicht über die Englische Bulldogge und andere Haustiere eine hohe Priorität. Fluten zahlreiche Reize auf den Rassehund ein, überforderst Du ihn. In der Folge benimmt sich der Vierbeiner ebenfalls unsicher oder zieht sich in eine ruhige Ecke zurück. Gleichwohl hilft es, dem besten Freund des Menschen, ihn nach dem Einzug in den Alltag zu integrieren.
Auf die Weise lernt die Englische Bulldogge den Tagesablauf kennen und gewöhnt sich an die Zeitaufteilung. Ebenso wie Katzen gehören Hunde zu den Gewohnheits-Tieren und bevorzugen eine strikte Struktur. Daher eignen sich feste Fütterungs- und Spielzeiten, um dem Bully die Eingewöhnung zu erleichtern. Des Weiteren profitiert das Tier von einem Gassi-Plan, der sich jeden Tag wiederholen sollte. Eventuell litt die Englische Bulldogge bei ihren früheren Besitzern unter einer unangebrachten Behandlung.
Dennoch solltest Du dem Vierbeiner nichts durchgehen lassen. Mangelnde Disziplin verwirrt den Rassehund, sodass er den Überblick über die Rangordnung verliert. Aus der daraus resultierenden Unsicherheit entwickeln sich ebenfalls Aggressionen. Zusätzlich besteht die Notwendigkeit, sich mit allen Familien-Mitgliedern über die Richtlinien abzusprechen. Die Englische Bulldogge besitzt ein ausgeprägtes Einfühlungs-Vermögen und erweist sich als schlauer Manipulator.
Bemerkt dein Bully Schwächen oder Inkonsequenz, versucht er, diese zu seinem Vorteil zu nutzen. Das bedeutet, dass der Bully beispielsweise bei dem nachgiebigsten Familien-Mitglied um Leckerchen bettelt. Um das Verhalten zu unterbinden, zeigst Du Deinem Hund deutlich seinen Platz in der Rangordnung.

Bully Bild 87 Cole123RF ©123RF.com

Die Englische Bulldogge und andere Rassen

Um das Verhältnis der Englischen Bulldogge gegenüber anderen Rassen zu erkunden, eignet sich ein ausgedehnter Spaziergang. Hierbei stellst Du ohne Probleme fest, wie der britische Hund auf fremde Personen und andere Tiere reagiert.

Befindet sich in Deinem Haushalt ein weiterer Vierbeiner, gilt es, bei der gegenseitigen Vorstellung wichtige Punkte zu beachten. Vorwiegend bei kleineren Hunden oder Katze benimmt sich der Bully in der Regel aufgeregt. In einigen Fällen sieht er das weitere Haustier als Beute an und versucht, seinen ursprünglichen Instinkten zu folgen. Damit der englische Rassehund keine wilde Jagd von Zaum bricht, kannst Du ihn anderen Tieren ausschließlich dann vorstellen, wenn er sich an der Leine befindet. Dabei solltest Du die körperliche Kraft des Vierbeiners beachten, um ihn auch bei der größten Aufregung unter Kontrolle zu halten. Sobald sich der Bully in ein übermäßiges Bellen oder Jaulen steigert, verlässt Du mit ihm besser den Raum.

Eine kurze Runde an der frischen Luft hilft, um das aufgebrachte Gemüt des Bullys zu beruhigen. Danach gestaltet sich die Vorstellung der anderen Haustiere unkompliziert. Weckt deren Anblick erneut die Aggressionen der Englischen Bulldogge, besteht die Möglichkeit, das Aufeinandertreffen der Tiere zu verschieben. Hältst Du die Vierbeiner mehrere Tage getrennt voneinander, nehmen sie vorrangig den Geruch des anderen wahr. Dadurch gewöhnen sie sich an den Duft, sodass sich die Eingewöhnung erleichtert. Bemerkst Du, dass die Englische Bulldogge keine feste Sozialisierung besitzt, steht der Besuch einer kompetenten Hundeschule im Vordergrund. Durch das Training lernt der Hund, seinen Besitzer als Kommandeur zu akzeptieren. Auf diese Weise gliedert sich dein Bully in den neuen Haushalt ein, ohne anderen Vierbeinern den Rang streitig zu machen.

Wie läuft die Sozialisierung der Englischen Bulldogge ab?

Bei der Sozialisierung der Englischen Bulldogge handelt es sich um einen langwierigen Prozess, der das Tier mit den verschiedenen Umweltreizen vertraut macht. Dadurch profitiert der Bully von einem stressfreien Alltag und einer sozialen Verträglichkeit.
Fehlt die Sozialisierung bei dem Rassehund, reagiert dieser in unbekannten Situationen übermäßig ängstlich oder aggressiv. Gleichzeitig nimmt die Sozialisierung einen positiven Effekt auf das Verhalten des Bullys gegenüber Passanten und Besuchern ein. Die Sozialisierungs-Phase der Englischen Bulldogge beginnt in der Regel mit der dritten Lebenswoche.
Demnach spielt der Zeitraum zwischen der dritten und der 16. Lebenswoche eine bedeutende Rolle.
In dem Alter prägt sich der grundlegende Charakter der Tiere.
Für die erste Phase der Sozialisierung übernimmt der Züchter die Verantwortung, da sich der Bully zu dem Zeitpunkt in seiner Obhut befindet. Gleichzeitig lernt der beste Freund des Menschen von der Mutter und den Geschwistern, wie er seiner Umwelt begegnet.

Bei einem seriösen Züchter besteht ab der vierten Lebenswoche der Welpen die Möglichkeit, diese zu besuchen. Der Prozess nimmt ebenfalls einen hohen Stellenwert bei der Sozialisierung der Tiere ein. Auf die Weise lernen die jungen Hunde neue Eindrücke kennen und erhalten einen aufgeschlossenen und selbstsicheren Charakter. Anhand des Wesens der Bullys bemerkst Du, wie sich die ersten Sozialisierungs-Phasen gestalteten. Benimmt sich ein Vertreter der speziellen Rasse beispielsweise übermäßig schüchtern, liegt der Grund in schlimmen Erfahrungen während der Sozialisierung. Um einen Bully-Welpen näher kennenzulernen, eignen sich ebenfalls gemeinsame Spaziergänge. Seriöse Züchter erlauben den Interessenten, die jungen Englischen Bulldoggen ab der achten Lebenswoche spazieren zu führen.
Hierbei erhält die vorherige Impfung der Vierbeiner eine hohe Relevanz, um Infektionen vorzubeugen.

Speziell in der dritten bis zu der achten Lebenswoche benötigen die Englischen Bulldoggen ein hohes Maß an Aufmerksamkeit und Zuwendung. Leidet ein Tier unter der Missachtung der Artgenossen oder des Züchters, drohen seelische Schäden, die es ein Leben lang beeinträchtigen. Jedoch hört die Sozialisierung mit dem Abkauf von einem Züchter für den Bully nicht auf. Stattdessen liegt es an dem neuen Besitzer, den wichtigen Prozess fortzuführen und dem Rassehund bisher nicht gekannte Situationen zu zeigen. Damit Deine Englische Bulldogge sich in seinem neuen Heim nicht vor unbekannten Geräuschen fürchtet, solltest Du ihn alltägliche Situationen miterleben lassen. Das bedeutet, dass Du das Tier beim Staubsaugen oder Föhnen nicht aus dem Raum führst oder wegsperrst.

In dem Fall verbindet der Vierbeiner den Laut mit einer negativen Erfahrung. Lernt er das Geräusch kennen und weiß, dass ihm keine Gefahr droht, verschwindet seine Furcht. Trotzdem heißt das nicht, dass Du den neu angekommenen Welpen sofort mit einem Staubsauger konfrontierst.
Vorwiegend in den ersten Tagen im neuen Heim profitiert der Bully von ausreichend Ruhe und Gelassenheit.

Erziehung & Verhalten

Der Bully lernt aus Erfahrungen

Die Englische Bulldogge stellt einen schlauen und aufmerksamen Begleiter dar, der vorwiegend aufgrund von Erfahrungen lernt. An neue Situationen gewöhnt sich der Bully durch mehrmaliges Wiederholen schnell und gewinnt bei spielerischen Übungen an Selbstvertrauen.

Demnach entwickelt sich ein anfangs verschüchterter Welpe in einem liebevollen Haushalt zu einem stolzen und neugierigen Zeitgenossen. Vorwiegend bei Spaziergängen bevorzugt der Bully ein moderates Tempo, um seine Umgebung ausgiebig zu erkunden. Damit sich das Tier bei längeren Touren nicht langweilt, lohnt es sich, die Spaziergänge mit mehreren Spiel-Einheiten aufzulockern.

Nimmst Du während der täglichen Gassi-Runden einen Beutel mit Leckerchen und das Lieblings-Spielzeug Deines Hundes mit, integrierst Du ohne Probleme ein spielerisches Training in den Lauf. Hierbei freut sich die Englische Bulldogge, wenn sie Dir ihre Qualitäten als Jagd- und Treibhund beweist. Einen geworfenen Ball präsentiert Dir Dein tierischer Begleiter voller Begeisterung. Gleichzeitig bringt der Bully den Spaziergang mit Spaß und Spiel in Verbindung.
Ebenso besteht die Notwendigkeit, die Englische Bulldogge an verschiedene Situationen mit anderen Menschen und Tieren zu gewöhnen. Auf einem gemeinsamen Spaziergang bekommt ihr dafür ausreichend Chancen.

Dabei macht die Sozialisierung des Bulldogs Fortschritte, wenn Du Begegnungen mit Passanten und anderen Hunden arrangierst. Dein Bully profitiert von verschiedenen Strecken. Abhängig von seiner Tagesform entscheidest Du, ob Du mit ihm eine ruhige Runde gehst oder eine stark frequentierte Route abläufst. Durch den häufigen Kontakt mit anderen Menschen lernt die Englische Bulldogge, wie sie sich in der Nähe Fremder benimmt.
Neigt der Bully dazu, Spaziergänger anzuspringen, kannst Du dieses Verhalten ohne Probleme unterbinden, indem Du den Bully ablenkst. Macht er Anstalten, zum Sprung anzusetzen, wirfst Du beispielsweise das Bällchen und rufst seinen Namen. Dadurch verliert die Englische Bulldogge das Interesse an dem Passanten und wendet sich lieber Dir zu. Zeigt der Vierbeiner das gewünschte Verhalten, benötigt er als positive Bestätigung ausreichend Lob.

Gehst Du mit der Englischen Bulldogge spazieren und bemerkst, dass ein anderer Hundebesitzer die Straßenseite wechselt, brauchst Du Dich nicht zu grämen. Hierbei besteht die Notwendigkeit, den Abstand zu akzeptieren. Eventuell verfügt der betreffende Vierbeiner über eine schwache Sozialisierung.

Beginnt ein anderer Hund in der Nähe aufgeregt zu bellen, hilft es, den Bully an die kurze Leine zu nehmen. Selbst, wenn sich der englische Rassehund manierlich benimmt, irritiert ihn das Geräusch unter Umständen.

Damit Du den Hund im Fall der Fälle besser unter Kontrolle bringst, könntest Du ihn nahe an Deinem Führbein halten.
Abhängig davon, ob Du zu den Links- oder Rechtshändern gehörst, befindet sich das Führbein in der Regel auf der Seite der stärkeren Hand.

Um herauszufinden, bei welchem Deiner Beine es sich um das führende handelt, kannst Du eine unkomplizierte Übung durchführen. Dazu lässt Du Dich aus einem festen Stand nach vorn fallen. Instinktiv trittst Du einen Schritt nach vorn, um das Gewicht abzufangen.

Den Fuß, den Du als Erstes ausstreckst, kannst Du als Führbein ansehen. Sobald Du bemerkst, dass sich die Englische Bulldogge unruhig benimmt, eignet sich das Führen an dem stärkeren Bein, um die Leine des Tiers festzuhalten.
Aufgrund der körperlichen Kraft des Bullys kann ihn ein lascher Griff schnell dazu verleiten, dass sich der Vierbeiner losreißt.

Zu der Sozialisierung der Englischen Bulldogge gehört gleichermaßen das Kennenlernen verschiedener Untergründe. Deshalb lohnt es sich, mit dem besten Freund des Menschen unterschiedliche Wege zu beschreiten.

Beispielsweise wechselst Du regelmäßig zwischen Spaziergängen über feste Straßen, Waldwege oder Kieselsteine. Um den charaktervollen Rassehund mit einer Vielzahl von Geräuschen und Eindrücken zu konfrontieren, eignet sich das Training in einer Hundeschule.

Bully Bild 92 isselee ©123RF.com

Bully Bild 21 motionshooter ©123RF.com

Wie findest Du die passende Hundeschule?

Interessierst Du Dich für den Besuch einer Hundeschule, gilt es, die passenden Hundeschulen in deiner Umgebung unter die Lupe zu nehmen. Welche Einrichtungen sich in Deinem Umfeld befinden, wissen beispielsweise Mitarbeiter der örtlichen Tierheime sowie Tierärzte. Alternativ besteht für Dich die Möglichkeit, Dich bei den Tierverbänden in der Stadt oder im Internet zu erkundigen.
Deine Englische Bulldogge verdient das hochwertigste Training, bei dem das Wohl des Vierbeiners an erster Stelle steht. Daher nützt es in der Regel nichts, sich und seinen Bully an der erstbesten Hundeschule anzumelden. Vorher solltest Du die Angebote der jeweiligen Schulen vergleichen.

Um Dir die Wahl zu erleichtern, kannst Du bei jeder Schule einen speziellen Fragenkatalog abarbeiten. Die Einrichtung, die den Großteil Deiner Erwartungen erfüllt, eignet sich als Hundeschule für den Bully. Im Folgenden siehst Du, wie der Katalog beispielsweise aussieht:

- Interessiert sich der Trainer für den Hund und dessen Eigenheiten?
- Geht er auf Deine Vorstellungen ein?
- Beantworten die Mitarbeiter Deine Fragen bereits am Telefon ausführlich und freundlich?
- Nach welcher Methode gehen die Angestellten bei dem Training vor?
- Verfügen sie über eine fundierte Ausbildung als Hundetrainer?
- Wie zeigt sich das Preis-Leistungs-Verhältnis?

Akzeptieren die Trainer verschiedene Rassen bei ihren Übungen?

Vorwiegend unseriöse Anbieter lehnen das Training von vermeintlichen Kampfhunden ab, ohne das Tier zu kennen. Erscheinen die Mitarbeiter während eines ersten Telefonats kompetent und interessiert, bietet sich ein persönlicher Besuch der Schule an. Unterdessen kannst Du erkunden, wie das Gelände des Instituts aussieht.
Einen hohen Stellenwert erhält eine sichere Eingrenzung der Trainingsfläche. Wie viel Platz steht den Vierbeinern bei ihren Übungen zur Verfügung?. Betätigst Du Dich während einer Trainingsstunde als Beobachter, erkennst Du, ob die Hunde in den Trainingspausen miteinander spielen können. Ebenso erhältst Du auf diese Weise einen guten Überblick über die Größe und die Zusammenstellung der Gruppen.

Bevor Du mit dem Bully eine erste Trainingsstunde besuchst, klärst Du besser ab, ob die Chemie zwischen dem Trainer und dem Vierbeiner stimmt. Reagiert der Rassehund auf den Mitarbeiter der Hundeschule misstrauisch, gestalten sich die Übungen schwierig.
Im schlimmsten Fall verweigert der beste Freund des Menschen die Zusammenarbeit mit dem Mitarbeiter komplett. Zudem erhält Dein Verhältnis zu dem Trainer eine Priorität. Schließlich spürt die Englische Bulldogge Deine Stimmung.

Sobald das Tier eine Antipathie zwischen dem Trainer und Dir wahrnimmt, geht es in die Hab-Acht-Stellung, um Dich bei Bedarf zu beschützen. In dem Fall findet der Mitarbeiter der Hundeschule keinen Zugang zu dem Bully und das Training schlägt unter Umständen fehl.

Zusätzlich besteht für Dich die Möglichkeit, nach einem Probetraining zu fragen, bei dem Du zusehen darfst, wie der Trainer arbeitet. In seriösen Hundeschulen stellt der Prozess kein Problem dar. Lehnen die Mitarbeiter Deinen Wunsch ab, bewährt es sich, der Ursache auf den Grund zu gehen.

Bereits nach dem Probetraining stellst Du ohne Schwierigkeiten fest, wie die Englische Bulldogge auf die neue Erfahrung reagiert. Findet der Vierbeiner keinen Gefallen an dem Spielen mit anderen Hunden, bieten einige Hundeschulen individuelle Trainings-Programme und Einzelstunden an. Auch hierbei solltest Du darauf achten, ob Dein Bully Spaß bei den Übungen empfindet. Sträubt er sich vor dem Besuch der Einrichtung, bringt es keine Vorteile, ihn in das Institut zu zwingen.

Alternativ kannst Du nach einem selbstständigen Hundetrainer Ausschau halten. Freut sich die Englische Bulldogge auf das Training, solltest Du Dir einen Übungsplan besorgen. Auf die Weise weißt Du, welche Dinge der Hund lernt und führst in der Freizeit mit ihm ähnliche Übungen durch. Zusätzlich besteht die Notwendigkeit, die Fortschritte Deines Hundes kritisch zu bewerten.

Verbessert sich das Verhalten des Rassehundes nach einem längeren Aufenthalt in der Hundeschule nicht, solltest Du keine Scheu besitzen, das Institut zu wechseln. In jedem Fall steht das Wohl des Vierbeiners an erster Stelle.

Bully Bild 50 isselee ©123RF.com

Holger Luckas von Dragonfly Bulldogs mit Bulldog Libelle
www.oldeenglishbulldogge.eu

Die erste Erziehung der Englischen Bulldogge

Bis zu der 18. Lebenswoche ist die Aufnahme-Fähigkeit eines Bully-Welpen am höchsten. Daher tust Du deiner Englischen Bulldogge und Dir keinen Gefallen, wenn Du die Erziehung auf einen späteren Zeitpunkt verschiebst. Von den seelenvollen Augen des Vierbeiners und seinem liebenswerten Blick solltest Du Dich in keinem Fall um den Finger wickeln lassen. Ein Bully braucht immer Erziehung und Anpassung.

Eine artgerechte Erziehung erleichtert Dir die Sozialisierung und bildet den Grundstein für ein unkompliziertes Zusammenleben. Für den Erfolg bei dem Training spielt das Lernklima eine wesentliche Rolle. Aus dem Grund hilft es, die Erziehung spielerisch und entspannt zu gestalten. Empfindet die Englische Bulldogge während der Übungen Furcht oder Stress, sorgen die negativen Erfahrungen für eine spätere Trainings-Verweigerung.
Vielmehr profitiert Dein Hund von einer ruhigen und friedlichen Atmosphäre. Durch die richtige Motivation erhält der Bully Spaß am Lernen. Zusätzlich gilt es zu beachten, dass eine universelle Erziehungs-Methode für die Englische Bulldogge nicht existiert. Demnach lohnt es sich, die Übungen an den Charakter und das individuelle Verhalten des Hundes anzupassen.

Das Hauptaugenmerk liegt in dem Fall darin, dem Welpen Spaß an dem Training zu vermitteln. Die intelligenten Vertreter dieser Rasse zeigen bereits in jungen Jahren ihre Fähigkeiten als aufmerksame Beobachter. Auf die Weise erkennen sie frühzeitig, wem sie vertrauen und wovor sie sich fürchten. Zudem durchschauen die Tiere die Rangordnung in ihrem neuen Haushalt ohne Schwierigkeiten. Demnach identifiziert die Englische Bulldogge den "Rudelführer" und gleichzeitig das schwächste Glied. In der Regel versuchen Bulldoggen, eine hohe Stellung innerhalb der Familie einzunehmen, um ihren Willen durchzusetzen.
Daher besteht die Notwendigkeit, dem Bully feste Grenzen zu setzen und sich darüber auszutauschen. Ein inkonsequenter Moment reicht aus, um die Erziehung durcheinanderzubringen und wieder bei Null zu beginnen.
Die Bully-Welpen lernen ausschließlich durch eigene Erfahrungen und Fehler. Schimpfen und Schläge stellen in keinem Fall akzeptable Erziehungsmethoden dar.

Bully Bild 49 cynoclub ©123RF.com

Stubenreinheit will gelernt sein

Um die Englische Bulldogge stubenrein zu bekommen, benötigt das Tier vorerst ein Bewusstsein dafür, wo es sein Häufchen machen darf und wo nicht. In dieser Beziehung ähnelt der junge Hund einem Kleinkind, das sich die Benutzung der Windel abgewöhnt. Damit sich der Prozess für den besten Freund des Menschen unkompliziert gestaltet, ist es notwendig, den Rassehund nicht zu überfordern.

Nach jeder Mahlzeit, nach dem Schlafen und dem Spielen solltest Du den Bully in den Garten führen, damit er sich erleichtert. Zudem lohnt es sich, den tierischen Engländer in der Wohnung im Auge zu behalten. Hockt sich Dein treuer Gefährte breitbeinig in eine Ecke und beschnüffelt interessiert den Fußboden, könnte rasch eine Pfütze oder ein Haufen folgen. Bist Du schnell genug, um Du den Hund an die frische Luft zu tragen, damit es innerhalb der eigenen vier Wände kein Malheur gibt? Sobald das Haustier sein Geschäft im Garten oder auf der Straße verrichtet, lobst Du ihn ausgiebig. Auf diese Weise lernt der Vierbeiner, positives Verhalten von fehlerhaftem Benehmen zu unterscheiden.

Dabei spielt die Tatsache, dass kein Lebewesen ohne Anleitung über ein Unrechts-Bewusstsein verfügt, eine wichtige Rolle. Das bedeutet, dass Dein Bully nach einem Häufchen in der Wohnung anfangs nicht weiß, warum Du mit ihm schimpfst. Stellst Du das Welpenlager in der Nähe Deines Betts auf, bekommst Du mit, wenn sich der Vierbeiner unruhig windet oder jault. Ihr habt die Chance, frühzeitig den nächsten Baum zu erreichen, bevor sich Dein Bully erleichtert. Problematisch ist, dass Englische Bulldoggen in der Regel über eine lautlose Kommunikation verfügen. Beispielsweise stellt sich der Welpe vor die Tür und wartet geduldig, bis Du diese öffnest. Missinterpretierst Du das Verhalten des Bullys, lässt er seiner Natur im Schlafzimmer freien Lauf.
Entstandene Pfützen solltest Du schnell und sorgsam entfernen.

Ebenso wie andere Hunde bringen auch Englische Bulldoggen eine einmal markierte Stelle mit ihrer persönlichen Toilette in Verbindung. Daher kann es passieren, dass der Hund an derselben Stelle uriniert, wenn er seinen individuellen Duft wahrnimmt.

Bemerkst Du, dass die Englische Bulldogge innerhalb der Wohnung das Beinchen hebt, trägst Du sie nach draußen.

Dabei kannst Du dem Tier mit einem strengen "Pfui" oder "Nein" klarmachen, dass Du sein Benehmen missbilligst. Schaut Dich der Bully in der Folge treuherzig an, lohnt es sich, zu widerstehen und ihn nicht zu streicheln. Durch die körperliche Zuwendung glaubt der Vierbeiner sonst, etwas Gutes vollbracht zu haben. Erst, wenn der beste Freund des Menschen sich im Garten löst, steht einer ausgiebigen Streicheleinheit nichts im Weg.

In früheren Zeiten galt die Hypothese, den Welpen mit der Nase in sein Geschäft zu stupsen, erziele einen Lern-Effekt. Allerdings empfindet kein Lebewesen eine solche Behandlung als zum Lernen geeignet. Stattdessen handelt es sich hierbei um einen ernsten Vertrauensbruch zwischen Dir und Deinem Haustier. Zusätzlich gehört eine derartige Aktion in den Tatbestand der Tierquälerei.

Um die Stubenreinheit des jungen Hundes zu erreichen, erhält eine intensive Beobachtung einen wichtigen Stellenwert.

Reagierst Du bei einem drohenden Häufchen schnell und bringst das Tier nach draußen, tritt ein Lern-Effekt ein. Dennoch hilft es, den Vierbeiner jede zweite bis dritte Stunde an die frische Luft zu setzen, damit er sich ohne Druck erleichtert. Neben der Unsauberkeit von Welpen kommt es bei erwachsenen Tieren unter Umständen zu einem Urinieren in der Wohnung.

Oftmals besteht für den älteren Vierbeiner keine Chance, sein Geschäft zu halten.
Liegt dem Problem eine gesundheitliche Komplikation zugrunde, solltest Du einen Tierarzt aufsuchen. Gleichermaßen ist es denkbar, dass der sensible Rassehund aufgrund seelischer Probleme unrein reagiert.

Zu den psychischen Ursachen für die Unsauberkeit gehören beispielsweise:

- eine Vereinsamung des Hundes,
- ein nicht verkrafteter Umzug,
- ein verstorbenes Familien-Mitglied,
- Vernachlässigung,
- Eifersucht

So lernt der Bully die Leinenführigkeit

Um die Englische Bulldogge an das Gehen an der Leine zu gewöhnen, steht ein konsequentes Verhalten im Vordergrund. Hierbei solltest Du dem Vierbeiner frühzeitig das Ziehen abgewöhnen. Als Welpe stellt der geringe Zug keine Schwierigkeit dar, doch der Rassehund gewinnt mit zunehmendem Alter an Gewicht und Kraft. Bei einer fehlenden Erziehung zerrt Dich der Bully während des Spaziergangs durch die Gegend.

Das Ziel besteht aber darin, dass er manierlich an Deiner Seite flaniert. Vorerst empfiehlt es sich, die Bulldogge mit seiner Leine vertraut zu machen. Legst Du dem Bully das unbekannte Utensil ohne Vorwarnung an, fürchtet er sich vor dem fremden Gegenstand. Daher erleichterst Du dem Vierbeiner die Eingewöhnung, indem Du ihn ausgiebig an der Leine schnuppern lässt. Gleichzeitig erkennt er, dass ihm von dem Band keine Gefahr droht.

Sobald Du dem Bully den Führstrick anlegst, kannst Du eine kurze Strecke mit ihm gehen. Scheut er sich vor der Bewegung, locken ihn beispielsweise bekannte Spielsachen oder Leckerchen.
Folgt die Englische Bulldogge Dir ohne Probleme, verdient sie viel Lob und positive Bestätigung. Bemerkst Du, dass sich der clevere Vierbeiner verweigert, solltest Du konsequent bleiben. In einigen Fällen setzen oder legen sich die Vertreter der Art hin, um Dein Durchsetzungs-Vermögen auszutesten. Gibst Du den Eskapaden nach, schleicht sich ein aufmüpfiges Verhalten des Bullys ein. Stattdessen lohnt es sich, den tierischen Begleiter auf spielerische Weise zu locken. Reagiert das Haustier auf Leckerchen nicht, besteht für den Besitzer die Option, sich selbst interessant zu machen.

Beispielsweise überlässt Du der Englischen Bulldogge das Spielzeug nicht, sondern behältst es in der Hand. Neugierig nähert sich der Vierbeiner dem Objekt der Begierde und läuft somit mühelos an der Leine. Funktioniert auch dieser Trick nicht, kannst Du den Führstrick einfach fallen lassen und weiter gehen.
Jedoch solltest Du auf die aktuelle Verkehrslage und die Umgebung achten.
Die Übung klappt ausschließlich, wenn der Bully kein lohnenderes Ziel erspäht.

Bemerkt er, dass Du ihn scheinbar allein lässt, folgt er Dir instinktiv. Der einfache Kniff hilft Dir, die Englische Bulldogge an die Leine zu gewöhnen. Sobald er diese akzeptiert, besteht die Notwendigkeit darin, ihn nicht zum Drängeln und Ziehen zu ermutigen. Spannt sich der Führstrick, bemerkst Du den Zug Deines vierbeinigen Begleiters.

Um den Effekt zu vermeiden, klopfst Du Dir beispielsweise an das Führbein, um den Hund auf Dich aufmerksam zu machen. Weckst Du sein Interesse, sucht der Bully stetig Deine Nähe, ohne sich gegen die Leine zu stemmen. Um der Englischen Bulldoggen das Drängeln zu verleiden, eignet sich eine spezielle Verzögerungs-Taktik.
Dabei bleibst Du stehen, sobald sich die Leine spannt. Gibst Du dem Bully keine verbalen Kommandos, verharrt er, um den Grund für den Stillstand in Erfahrung zu bringen. In dem Fall erfolgt ein ausgiebiges Loben des Hundes und zwingend ein Richtungswechsel.

Zu Beginn der Übung versteht die englische Hunderasse den Sinn nicht, sodass er mehrere Wiederholungen benötigt.

Jedoch begreift das Tier bei mehrmaliger Korrektur der Richtung, dass sein Drängeln zu einer Verzögerung führt. Um die Übung durchzuführen, kannst Du Dir ausreichend Zeit lassen. Ebenso spielt Geduld hierfür eine wesentliche Rolle. Du vermeidest es besser, dem Leinenzug des Bullys mit einem gleichermaßen starken Ziehen zu begegnen.
Durch den einsetzenden Druck kommt es im schlimmsten Fall zu Schäden an der empfindlichen Halswirbelsäule des Vierbeiners.

23

Des Weiteren presst sich das Halsband an seinen Kehlkopf und bereitet ihm Atemnot. Dadurch empfindet die Englische Bulldogge unter Umständen
Angst vor dem Gang an der Leine. Findet Dein vierbeiniger Gefährte eine interessante Stelle, an der er für längere Zeit schnüffelt, motivierst Du ihn beispielsweise durch fröhliche Worte und Spiel-Aufforderungen zum Weitergehen. Wiederholst Du dabei das Kommando "Weiter" und lobst den Hund, übst Du gleichermaßen das Gehen an der Leine.

Hierbei besteht die Notwendigkeit, sich nach jedem Weiter-Befehl in Bewegung zu setzen, da sich der Bully an der Körpersprache orientiert.
Rührst Du Dich trotz der Aufforderung nicht, irritiert das den Hund.

Auch bei der Leinenführigkeit stellt der Spaß für die Englische Bulldogge einen wichtigen Faktor dar. Bei einer strengen Leinenführung, bei der das Tier ausschließlich Bei-Fuß laufen darf, schwindet schnell die Lernmotivation. Dies liegt an dem Umstand, dass der Bully in seiner Umgebung nicht schnüffeln oder eigene
Marken setzen kann. In dem Fall ist das instinktive Sozialverhalten des Rassehundes gestört.
Bei der Erziehung der Englischen Bulldogge nehmen die Grundkommandos einen wesentlichen Stellenwert ein. Hierbei lohnt es sich, mit den Übungen frühzeitig zu beginnen, um den Bully zuverlässig zu konditionieren. Sobald der Bully auf seinen Namen hört, besteht die Möglichkeit, die grundlegenden Befehle zu trainieren.

Zu ihnen gehören die Aufforderungen:
· Sitz!,
· Platz!,
· Bleib!
· und Beifuß!.

Bully Bild 26 Cole123RF©123RF.com

Bully, Bild 100 Cole123RF©123RF.com

Wie lehrst Du Deinem Bully "Sitz"?

Das Kommando "Sitz!" lernen Englische Bulldoggen in der Regel schnell. Kennt der Welpe seinen Namen, besteht für Dich die Möglichkeit, mit dem Training zu beginnen. Hierbei erhält die Aufmerksamkeit Deines vierbeinigen Gefährten eine hohe Priorität. Mit einem Leckerchen oder dem Lieblings-Spielzeug des Rassehundes gelingt es Dir, Dich für den Bully interessant zu machen. Dein tierischer Schützling sollte sich komplett auf Dich konzentrieren, damit er die Übung aufnimmt. Befinden sich äußere Reize in der Umgebung, gilt es, sie zunächst zu entfernen.
In einer ruhigen und entspannten Atmosphäre lernt die Englische Bulldogge, Deine Zeichen und Befehle schneller zu deuten.

Um sicherzugehen, dass der Hund auf Dich achtet, kannst Du ihm vorerst die Leckerei präsentieren. Hierbei ist es wichtig, dass Du sie ihm nicht gibst, da für ihn ansonsten kein weiterer Grund besteht, aufmerksam zu sein.

Hältst Du dem Hund den schmackhaften Leckerbissen vor die Nase, weckt Deine Hand sein Interesse. In der Folge besteht für Dich die Möglichkeit, das Futterstück langsam bis zu der Stirn des Vierbeiners zu führen. Um den Leckerbissen im Auge zu behalten, folgt die Englische Bulldogge Deiner Bewegung und lehnt sich zwangsläufig zurück. Gelangt sie dabei in die sitzende Position, erhält sie das Futterstück gleichzeitig mit dem Kommando "Sitz!".

Danach lobst Du Deinen Bully ausgiebig. Sofern er sich nicht hinsetzt, während er Deiner Handbewegung folgt, bewährt es sich, sein Hinterteil leicht nach unten zu bewegen. Ein sanfter Druck reicht aus, damit sich der Rassehund niederlässt.
Nun erhält er sein Futterstück und hört den Sitz-Befehl. Bei der Übung spielt die Geduld eine wichtige Rolle, da der Bully Kommando und Belohnung erst miteinander verbinden muss.

Die Mehrzahl der schlauen Vierbeiner lernt die Aufforderung schnell. Sobald der Hund auf Dein verbales Kommando reagiert, existiert die Option, den Befehl visuell deutlich zu machen. Hierfür wiederholst Du die Sitzübung mit dem Bully und streckst bei dem Wort "Sitz!" den Zeigefinger aus.
Dein Hund achtet aufmerksam auf Deine Körpersprache, sodass er die Veränderung ohne Schwierigkeiten wahrnimmt. Durch mehrere Wiederholungen merkt sich der tierische Schützling, was Dein ausgestreckter Finger bedeutet und setzt sich ohne verbale Aufforderung hin. Vorwiegend auf eine größere Entfernung macht das nonverbale Training Sinn, da es die Kommunikation zwischen dem Hund und Dir erleichtert.

Wie macht der Bully "Platz"?

Mit der Übung "Platz!" kannst Du beginnen, wenn Deine Englische Bulldogge das Sitzen auf Kommando sicher beherrscht. Klappt die vorherige Aufgabe nicht vollkommen, lohnt es sich nicht, ein weiteres Training zu beginnen. Im schlimmsten Fall fühlt sich der Vierbeiner überfordert und leidet an einer blockierten Aufnahme-Fähigkeit. Bei den Übungen mit Deinem tierischen Begleiter sollten Spaß und Verständnis an erster Stelle stehen.
Daher kommt es bei einer angespannten sowie gestressten Lernsituation zu keinem Erfolg. Fühlst Du Dich müde, ärgerlich oder fehlt Dir die notwendige Zeit, solltest Du das Training aussetzen. Aufgrund seines aufmerksamen Wesens bemerkt der Bully eine negative Stimmungslage und reagiert gestresst.

Anders als bei dem Kommando "Sitz!" finden einige Hunde an der Aufforderung "Platz!" keinen Gefallen. Bei Vierbeinern kommt die liegende Position einer untergeordneten Stellung gleich. Eine Englische Bulldogge, die ihren niedrigen Rang in der Familie klaglos akzeptiert, macht bei dem Platz-Training in der Regel keine großen Schwierigkeiten.
Vorrangig dominante Tiere sträuben sich gegen die unterlegene Position. Damit Dein Rassehund dennoch in das "Platz" geht, kannst Du wie bei der ersten Übung ein verlockend duftendes Futterstück verwenden. Es lohnt sich, den Vierbeiner zunächst in eine sitzende Position zu beordern und ihm den Leckerbissen vor die Nase zu halten. Der Bully beschnuppert den Brocken, sodass sich seine gesamte Aufmerksamkeit auf Deine Hand richtet. Jetzt kannst Du die Finger vor der Bully-Nase abwärts auf den Boden führen.
Der neugierige Hund versucht im Normalfall, dem Futterstück mit der Nase zu folgen, sodass er sich zu der Hand hinunterbeugt. Befinden sich Deine Finger mit dem Leckerchen zwischen den Vorderbeinen der Englischen Bulldogge, kannst Du die Hand in Deine Richtung ziehen.
Versucht dein Hund, dem verlockenden Futter zu folgen, begibt er sich automatisch in die liegende Stellung.
Einigen Hunden behagt die Position auch mit schmackhafter Motivation nicht, sodass sie, statt sich hinzulegen, lieber aufstehen. Hierbei hilft es, dem Tier leicht zwischen die Schulterblätter zu drücken, damit er sich hinlegt. Sobald das Tier die liegende Stellung einnimmt, kommt das Kommando "Platz!" und der Vierbeiner erhält seine Belohnung. Wie bereits bei dem Sitz-Training erfordert diese Übung mehrmalige Wiederholungen.

Bully Bild 25 Cole 123RF ©123RF.com

„Bleib" - So bleibt der Bully auf der Stelle

Durch das regelmäßige Trainieren versteht die Englische Bulldogge schnell, welche Tätigkeiten sie bei welchem Kommando ausführen soll. Damit sie sich ebenfalls bei einem nonverbalen Befehl deinerseits hinlegt, erhält ein weiteres Sichtzeichen einen hohen Stellenwert. Hierbei wiederholst Du die Platz-Übung und zeigst dem Rassehund während der Aufforderung den nach unten gerichteten Finger. Später bringt der Vierbeiner die Geste mit dem Kommando in Zusammenhang und legt sich ohne Wortlaut hin.
Neben den Aufforderungen "Sitz!" und "Platz!" spielt der Befehl "Bleib!" in der Bully-Erziehung eine wichtige Rolle. Damit die Englische Bulldogge Dir nicht auf Schritt und Tritt folgt, benötigt sie die explizite Aufforderung, an einer Stelle zu verharren. Vorwiegend bei einem Besuch in der Stadt, wenn der Hund außerhalb eines Geschäfts warten soll, erleichtert das Kommando den Umgang mit dem Tier.
Damit dein Hund auf seinem Aufenthaltsort bleibt, bewährt es sich, ihn zunächst in eine sitzende oder liegende Position zu befehlen. Zusätzlich zu den Kommandos "Sitz!" oder "Platz!" erfolgt die Aufforderung "Bleib!". Gleichzeitig kannst Du der Englischen Bulldogge ein weiteres Sichtzeichen in Form Deiner ausgestreckten, nach oben gerichteten Hand präsentieren.

Das Ziel besteht darin, dass der Vierbeiner die Geste mit dem Verharren auf der Stelle in Verbindung bringt. Gibst Du dem Bully den Bleib-Befehl, hast Du die Möglichkeit, Dich einige Schritte von ihm zu entfernen. Hierbei solltest Du dem Tier jedoch nicht den Rücken zudrehen, sondern Deine Hand weiterhin ausgestreckt lassen. Bemerkst Du, dass der Vierbeiner sich unruhig verhält, kannst Du zu ihm zurückkehren und ihn loben. Die Distanz zwischen euch vergrößerst Du erst allmählich. Zudem wiederholst Du die Übungen stetig, wenn sich der Bully unerlaubt aufrichtet. Allerdings steht auch bei dem Training der Spaß im Mittelpunkt, sodass Schimpfen bei einem Misserfolg ausschließlich negative Effekte nach sich zieht. Mit der Zeit gelingt es Herrchen und Hund, den Bleib-Zustand über mehrere Minuten aufrechtzuerhalten. Absolviert der Vierbeiner das Training ohne Schwierigkeiten, besteht die Möglichkeit, die Anforderungen zu steigern. Beispielsweise befiehlst Du die Englische Bulldogge in das "Bleib!". Gleichzeitig sorgst Du für Ablenkungen in Form von Geräuschen oder anderen Personen. Hierbei ist es wichtig, dass der Hund nicht auf Reize reagiert, sondern in seiner Position verharrt. Da Bullys sich als neugierige Zeitgenossen erweisen, bedarf es in der Regel mehrfacher intensiver Trainings-Einheiten. Dabei lohnt es sich, das "Bleib" nicht ausschließlich im Freien zu proben. Innerhalb der Wohnung könntest Du das entsprechende Kommando geben und Dich vorerst wenige Schritte von dem Vierbeiner entfernen. Das Sichtzeichen spielt eine wesentliche Rolle, damit der Hund es sich einprägt und später ohne verbale Aufforderung darauf reagiert. Bleibt das Tier während der Übung brav auf der Stelle, verdient es Lob und Streicheleinheiten. Die Belohnungen begeistern den Bully für das Training und machen ihn für weitere Befehle empfänglich.

Das Beifuß-Training erhält Priorität

Damit Dein Hund zuverlässig zu Dir kommt, wenn es die Situation erfordert, stellt die Aufforderung "Hier!" einen wesentlichen Faktor dar. Vorerst empfiehlt es sich, das Training in einem abgeschlossenen Bereich durchzuführen. Dafür eignet sich beispielsweise der eigene Garten oder der Hundepark. Für das Erlernen des Kommandos "Hier!" – alternativ kannst Du den Befehl "Beifuß" verwenden – solltest Du die Englische Bulldogge absitzen lassen. Durch den Befehl "Bleib!" verharrt der Hund in seiner Position, sodass Du Dich mehrere Schritte entfernst. Hockst Du Dich hin und rufst den Namen Deines vierbeinigen Schützlings in Verbindung mit dem Wort "Hier!", sollte der charakteristische Rassehund auf Dich zukommen. Sobald er sein Ziel erreicht, festigen Streicheleinheiten und überschwängliches Lob das erlernte Kommando.

Reagiert der Hund nicht ausschließlich auf seinen Namen, schafft ein schmackhaftes Futterstück den richtigen Anreiz.

Um das Leckerchen zu erreichen, muss der Bully zu Dir kommen. Erreicht er Dich, folgt erneut die Aufforderung "Beifuß!", die Du mit dem Futter und Streicheleinheiten verbinden kannst. Damit stellt das Befolgen des Befehls für den Vierbeiner eine positive Erfahrung dar. Kommt die Englische Bulldogge trotz mehrmaliger Aufforderung verspätet zu Dir, stellt eine Schelte keine geeignete Erziehungs-Methode dar.

Den vorherigen Befehl vergisst der Bully und bringt stattdessen seine Annäherung mit Deinem Schimpfen in Zusammenhang. In der Folge erschwert sich das Training oder es kommt zu einer Lernblockade des Vierbeiners.

Bully Bild 108-lunja ©123RF.com

Wie lernt der Bully das Alleinbleiben?

Das Alleinbleiben-Training solltest Du beginnen, sobald sich der Welpe in dem neuen Zuhause sicher wähnt. Jedoch nutzt es nichts, einfach das Haus zu verlassen und zu hoffen, dass der Bully sich benimmt.

Durch Deine plötzliche Abwesenheit fühlt sich der Hund im Gegenteil einsam und reagiert ängstlich. In dem Fall erwartet Dich bei Deiner Rückkehr ein heilloses Chaos und unter Umständen sogar ein aus Panik entstandenes Häufchen. Um das Verhalten der Englischen Bulldogge allein zu Hause zu trainieren, verlässt Du vorerst das Zimmer. Hierfür eignen sich Augenblicke, in denen der Hund einer anderen Beschäftigung – beispielsweise einem Spiel – nachgeht. Zu Beginn der Übung reichen fünf bis zehn Minuten, in denen Du Deinen tierischen Mitbewohner sich selbst überlässt. Sitzt der Bully bei Deiner Rückkehr artig auf dem Platz, verdient er Lob und Bestätigung.

Danach kannst Du die zeitlichen Abstände vergrößern und schließlich nicht nur das Zimmer, sondern die Wohnung verlassen. Bevor Du gehst, solltest Du die Englische Bulldogge nicht auf Dich aufmerksam machen. Kommt es bei dem vermeintlichen Abschied zu einem Drama, steigert das die Verlustangst des Vierbeiners.
Zudem gibt es in den Fällen Hunde, die partout nicht allein bleiben wollen. Um ihnen die einsamen Momente zu erleichtern, eignen sich spezielle Animations-Programme.
Vorwiegend bei müden Hunden ist die Verlustangst nicht so ausgeprägt wie bei hellwachen Vierbeinern. Hast Du vor, die Wohnung zu verlassen, könntest Du im Vorfeld einen Spaziergang mit der Englischen Bulldogge unternehmen.

Ebenso neigen satte Rassehunde zu einer Schläfrigkeit, sodass sie sich über die Einsamkeit nicht übermäßig aufregen.

Bully Bild 27 alkir ©123RF.com

Ablenkung überwindet die Trennungsangst

Fütterst Du den besten Freund des Menschen vor dem Weggang, nutzt er Deine Abwesenheit, um zu dösen. Vor seinem Verdauungs-Schläfchen sollte sich der Bully erleichtern können, damit er in der Wohnung keine Pfützen hinterlässt. Leidet das Tier unter Deinem Weggang, eignen sich vertraute Gerüche, um es zu trösten. Bereits ein Kleidungsstück in der Nähe des Körbchens hilft, um die Hundeseele zu beruhigen. Gleichzeitig könntest Du bei einer längeren Abwesenheit abwechslungsreiche Beschäftigungs-Möglichkeiten für die Englische Bulldogge bereitlegen. Hierfür eignen sich beispielsweise Kau-Spielzeuge, an denen der Vierbeiner seine Energie abbaut.

Einige Bullys lassen ihren Instinkten freien Lauf und "verbuddeln" Leckerchen oder Spielzeuge. Damit Du den Plastik-Knochen nicht in einem Blumentopf wiederfindest, besteht die Option, der Englischen Bulldogge geeignete Alternativen zu bieten. Unter alten Handtüchern und Decken "vergräbt" der Vierbeiner seine wertvollen Schätze und genießt das Stöbern in dem vermeintlichen Versteck. Auf die Weise gelingt es Dir, den Hund für einen bestimmten Zeitraum zu beschäftigen. Im Internet oder in einem Fachgeschäft findest Du den auch als "Kong" bezeichneten Futterball. Hierbei handelt es sich um ein Hunde-Spielzeug, das der Handel in verschiedenen Größen führt und das über diverse Öffnungen verfügt. Füllst Du die Lieblings-Leckerchen Deines tierischen Mitbewohners in das Innere des Spielzeugs, profitiert der Bully von lang anhaltender Spielfreude.

Bully Bild 40 kozorog © 123RF.com

Hierbei bewährt es sich, dass der Ball die ersehnten Leckereien ausschließlich bei bestimmten Drehungen und Bewegungen freigibt. Um an die Nascherei zu kommen, braucht der Bully Geduld und Geschick. Alternativ freuen sich die bellenden Gefährten über Geräusche, die sie von Deiner Abwesenheit ablenken. Ein laufender Fernseher oder ein Radio fesseln die Aufmerksamkeit der Englischen Bulldogge und halten sie von einer Rammdösigkeit ab.

Richtet der Vierbeiner trotz ausreichender Ablenkung Schäden an, nutzt es nichts, das Tier zu bestrafen. Eine rückwirkende Disziplinierung bringt der Bully nicht mit seiner eigentlichen Schandtat in Verbindung, sodass es zu keinem Lern-Effekt kommt.
Gewöhnt sich die Englische Bulldogge an ihr neues Heim, profitierst Du von einem niedlichen und gleichsam treuen Mitbewohner.

Vom süßen Welpen zum Rabauken

Vorwiegend im Welpen-Alter besticht der Vierbeiner aufgrund seiner anfangs tapsigen Versuche, sich in den Haushalt zu integrieren. Jedoch bleiben nicht alle Bullys kleine Unschuldsengel auf vier Pfoten. Ab dem achten Lebensmonat der Tiere beginnt ihre Geschlechtsreife, in der sie ihre Grenzen ausloten und zu überschreiten versuchen. In dem Zeitraum entwickelt sich der liebenswerte Welpe zu einem kleinen Rabauken, der mit aller Macht seinen Rang im Rudel zu verbessern versucht. Um sich selbst in Szene zu setzen und Dich zu beeindrucken, unternimmt die Englische Bulldogge zu Beginn ihrer Geschlechtsreife eine Menge Unsinn. Beispielsweise setzt sie sich über eine Vielzahl von Regeln hinweg, um Deine Reaktionen zu testen. Sind Herrchen und Frauchen in dem Fall inkonsequent, glaubt der Bully, er sei der neue Rudelführer.

Aufgrund seines aufmüpfigen und oftmals groben Benehmens in dieser Zeit nennt sich die Geschlechtsreife unter Kennern auch Flegelphase. Die Englische Bulldogge prüft hierbei nicht ausschließlich Deine Konsequenz, sondern sie setzt sich mit allen Mitgliedern der Familie auseinander. Sobald der beste Freund des Menschen ein nachgiebiges Glied in dem Rudel entdeckt, versucht er, seinen Willen durchzusetzen.

In der Flegelphase der Englischen Bulldogge spielen aus dem Grund Strenge und gegenseitige Absprachen eine wesentliche Rolle. Innerhalb der Familie sollte es eine Einigkeit darüber geben, was dem Haustier erlaubt ist und was nicht. Bemerkt der intelligente Vierbeiner, dass in dieser Beziehung Uneinigkeit herrscht, nutzt er die Schwäche schamlos aus. Zusätzlich setzt sich das Tier über früher akzeptierte Grenzen hinweg, um sich zu beweisen.

In der Regel legen die männlichen Vertreter der Art ein derberes Verhalten an den Tag als weibliche Bullys. Hierbei spielt der erhöhte Testosteron-Spiegel eine tragende Rolle. Um sich für das andere Geschlecht attraktiv zu machen, demonstriert der stolze Rassehund seinen Mut und die Stärke. Beispielsweise bemerkst Du dieses Verhalten bei einem Spaziergang, bei dem der Bully die Richtung zu bestimmen versucht und Dich hinter sich herzieht. Ebenso versuchen die kleinen Rabauken, sich durch den Futterklau ihre Dominanz zu beweisen.

Geben die Besitzer dem rüpelhaften Benehmen des Hundes nach, steht unter Umständen die Rangordnung Kopf. In dem Fall kann es passieren, dass die Englische Bulldogge den Gehorsam komplett verweigert und Du es mit einem unerzogenen Flegel zu tun bekommst.

Bully Bild 78 ©katsai ©123RF.com

Um das zu vermeiden, stehen während der Geschlechtsreife des Vierbeiners klare und feste Regeln im Mittelpunkt. Überschreitet der Bully eine von Dir festgelegte Richtlinie, weist ihn ein striktes "Nein!" auf sein Fehlverhalten hin. Hierbei bringt es keinen Erfolg, den Rassehund mit einem Klaps oder lautem Schimpfen disziplinieren zu wollen. Richtet das Tier Schaden an, hilft es vielmehr, es zu ignorieren, bis der Schmutz beseitigt ist. Auf diese Weise lernt der beste Freund des Menschen, dass auf ein schlechtes Benehmen eine kurze emotionale Durststrecke folgt. Zwickt und beißt die Englische Bulldogge während ihrer Flegelphase in Hände und Füße ihrer Besitzer, besteht Handlungsbedarf.

Schnappt das Tier im Spiel nach Deinen Fingern, könntest Du die Aktivität augenblicklich beenden.
Erst zu einem späteren Zeitpunkt geht das Spielen und Toben weiter. Versucht der Bully erneut, seine Kraft durch das Zwicken mit den Zähnen zu demonstrieren, folgt wieder die Beendigung des Spaßes.

Bleibst Du bei der Maßnahme konsequent, bemerkt der Vierbeiner, dass Beißen und Schnappen das sofortige Spielende hervorrufen. Auf diese Weise verliert die Macht-Demonstration des Hundes ihren Reiz und die Englische Bulldogge akzeptiert Deinen Platz als Rudelführer. Zudem benötigt das Tier einen strukturierten Tagesablauf, bei dem Du Fütterungs- und Spielzeiten bestimmst.
Stehen seit dem Welpen-Alter des Hundes spezielle Zeiträume für das Fressen und das Spazierengehen fest, gibt es keinen Grund, diese zu ändern. Drängelt und bettelt der Bully, stellt er erneut Deine Strenge auf die Probe.

Bully Bild 92 isselee©123RF.com

Schuhe sind kein Spielzeug

Während des Heranwachsens lernen die jungen Hunde zahlreiche neue Eindrücke kennen. Dabei finden sie mehrere Gegenstände des Alltags, die sie mit Vorliebe zu Kau- und Beiß-Spielzeugen umfunktionieren. Bereits nach einigen Wochen des Zusammenlebens mit Deinem Bully kannst Du an Möbeln, Teppichen und Textilien Knabberspuren und Zahnabdrücke erkennen.
Das Nagen und Knabbern stellt bei der Englischen Bulldogge keine Seltenheit dar. Durch den Einsatz ihrer Zähne lernen die Vierbeiner ihre Umgebung kennen und finden sich auf diese Weise in ihrem Umfeld zurecht. Trotzdem bedeutet das nicht, dass der britische Rassehund alles ins Maul nehmen darf. Unterbindest Du das Verhalten Deines Haustiers nicht, bemerkst Du schnell, dass die Englische Bulldogge Schuhe und Kissen gern bis zur Unkenntlichkeit zerkaut. Vor den Händen und Füßen seiner Besitzer macht der Bully ebenfalls nicht halt und zwickt mehr oder minder grob hinein.

Bei einer Vielzahl der Englischen Bulldoggen fällt auf, dass sie bevorzugt lederne Schuhe mit den Zähnen bearbeiten. Dabei kann es ärgerlich sein, wenn die teuren Designer-Pumps Löcher aufweisen, die alten Schlappen jedoch an Ort und Stelle liegen. Die Vorliebe der Vierbeiner für ledernes Schuhwerk könnte sich aufgrund des Geruchs erklären lassen.

Durch den Duft nach Leder erinnern die Schuhe an die erlaubten Kau-Spielzeuge aus Rinderhaut, sodass der beste Freund des Menschen keinen Unterschied erkennt. Damit Dein Schuhwerk der Englischen Bulldogge nicht zum Opfer fällt, gilt es, das Knabbern des Tieres in die richtigen Bahnen zu lenken. Hierbei hilft es, die "verbotenen Kau-Spielzeuge" – beispielsweise Schuhe, Kissen und Textilien – außerhalb der Reichweite des Hundes aufzubewahren. Erwischst Du den Bully dennoch mit einem dieser Dinge im Maul, weist ein energisches "Pfui!" auf das Fehlverhalten des tierischen Mitbewohners hin.

Bully Bild 50 absolutimages©123RF.com

Damit der Bully die verbale Rüge mit dem zerkauten Schuh in Verbindung bringt, solltest Du ihm die zerknabberten Reste wegnehmen. Überlässt Du ihm die zweckentfremdeten Alltags-Gegenstände aus Resignation, weiß der Bully auch zukünftig nicht, wo sein Fehler liegt. Dem speziellen Rassehund das Knabbern komplett zu verbieten, stellt in der Regel keine Alternative dar.

Dies liegt an dem Umstand, dass das Nagen zu den instinktiven Verhaltensweisen des Hundes gehört. Damit er das nicht an dem Mobiliar oder Deiner Kleidung auslebt, braucht der Vierbeiner Kau-Spielzeuge, die er nach Herzenslust mit den Fängen zernagt. Speziell eignen sich zu dem Zweck entsprechende Hunde-Spielsachen aus Hartgummi, Hartholz oder Rinderhaut. Bei einem Spiel mit den Utensilien kommt es vor, dass die Englische Bulldogge nach Dir zwickt, um ihre Stärke zu demonstrieren.

Wie in der Flegelphase bewährt es sich, auf das unerwünschte Benehmen mit einem sofortigen Spiel-Entzug zu reagieren. Innerhalb kurzer Zeit lernt der Rassehund, dass das Beißen negative Folgen nach sich zieht. Aus dem Grund empfindet er zukünftiges Schnappen als unattraktiv.

Bully Bild 51 absolutimages©123RF.com

Das Betteln und Stehlen bei der Englischen Bulldogge

Der Bully als sehr charakteristischer Rassehund versteht es, seine Besitzer mit seinen treuen Hunde-Augen zu verzaubern. Speziell zur Essenszeit kommt es vor, dass der Bully seinen gesamten Charme spielen lässt, um einen Teil der Leckereien vom Tisch zu ergattern. Bei dem intensiven Blickkontakt, dem Anstupsen von Herrchen und Frauchen und dem auffordernden Jaulen handelt es sich um das Betteln. Wirkt der Blick Deines Haustiers auch traurig, solltest Du ihm widerstehen und nicht auf die Bettelei reagieren. Sobald Du nachgibst und der Englischen Bulldogge Speisen vom Tisch verabreichst, besteht das Risiko, den Hund zu verziehen. Er merkt sich das inkonsequente Verhalten seiner Besitzer und bettelt zukünftig häufiger und intensiver. Speziell in Gegenwart von Gästen kann das einen unangenehmen Eindruck hinterlassen.

Damit die Situation nicht eintritt, bedarf die Englische Bulldogge eines eigenen Futterplatzes. Ausschließlich an dem dafür vorgesehenen Fleck bekommt das Tier seine Nahrung und eventuelle Leckerchen. Hierbei besteht gleichermaßen die Notwendigkeit, Besucher auf den eigenen Fressplatz des Haustiers aufmerksam zu machen, damit sie dem Betteln des Hundes nicht nachkommen. Wünschst Du Dir, der Englischen Bulldogge einen Leckerbissen von Deinem Essen abzugeben, solltest Du damit warten, bis die Familie die Nahrungsaufnahme beendet hat. Danach besteht die Möglichkeit, dem bettelnden Bully einen Teil der Speisen in den Napf zu geben. Ebenso wie seine eigene Nahrung sollte der Rassehund Leckerbissen vom Tisch ausschließlich an dem Futterplatz einnehmen. Auf die Weise verbindet er den Ort mit der positiven Erfahrung des Fressens.

Einige Bullys halten sich nicht mit dem Betteln bei Herrchen und Frauchen auf, sondern stehlen sich die ersehnten Speisen vom Tisch. Das bedeutet, dass sie sofort nach ihrer Tat den Erfolg, also den Leckerbissen, genießt. Den Futterklau durch Schimpfen zu ahnden, lohnt sich nicht. Um den Futterklau zu unterbinden hilft es, keine Lebensmittel in der Reichweite des Vierbeiners aufzubewahren.

Bully Bild 5 iakovenko©123RF.com

Darf der Bully auf die Möbel?

Auf welche Möbelstücke die Englische Bulldogge sich setzen oder legen darf, liegt in Deinem Ermessen. Wünscht Du Dir, dass der Vierbeiner ausschließlich in seinem Körbchen schläft und sich von Sofas und Betten fernhält, besteht die Notwendigkeit, ihm das Springen auf die Möbel abzugewöhnen. In der Regel bevorzugen die neugierigen Gesellen erhöhte Sitz- und Liegeplätze, weil sie sich an der Rundumsicht erfreuen. Als Wachhund verfolgt der Bully das Ziel, sein Revier aufmerksam im Auge zu behalten.

Ein kurzer Aufenthalt auf dem Sessel, um aus dem Fenster zu schauen, stellt in vielen Fällen kein Problem dar. Jedoch erhält das Benehmen der Englischen Bulldogge einen wesentlichen Stellenwert. Verlässt der Vierbeiner auf Dein Kommando die erhöhte Sitzgelegenheit klaglos, verdient er eine liebevolle Streicheleinheit. Ignoriert das Tier den Befehl oder führt ihn ausschließlich widerwillig aus, solltest Du ihm einen erneuten Aufenthalt auf dem Möbelstück verbieten. Auf die Weise erkennt der Bully, dass er mit einem tadellosen Verhalten Zugang zu den bequemen Liegeflächen bekommt. Macht es sich der Vierbeiner in Deiner Abwesenheit auf dem Bett gemütlich, setzt er sich über bestehende Regeln hinweg. Um ihm die Überschreitung seiner Grenzen abzugewöhnen, helfen unkomplizierte Tricks. Beispielsweise lohnt es sich, Sofas und Betten ungemütlich zu gestalten. Entfernst Du sämtliche Kissen und Decken, verlieren die Polster ihren kuscheligen Reiz. Liegt der Rassehund in Deiner Abwesenheit trotzdem auf den Möbeln, kannst Du für eine negative Erfahrung sorgen. Hierfür eignet sich eine dünne Decke, welche Du über dem Bett oder dem Sofa ausbreitest.
Darunter befinden sich klappernde Gegenstände, die bei jeder Bewegung einen Laut von sich geben. Sobald die Englische Bulldogge auf die Sitzgelegenheit springt, erschreckt er sich aufgrund des einsetzenden Lärms. Begibt sich der Bully mit Vorliebe auf Schränke oder Tische, kann doppelseitiges Klebeband Abhilfe schaffen, das Du problemlos auf den glatten Oberflächen befestigst. Gelangt Dein Haustier mit Pfoten oder Fell an die klebende Schicht, verspürt er das unangenehme Ziepen und Zerren. In einigen Fällen bedarf es mehrerer Wiederholungen dieser Taktik, bis der Bully seine unerwünschte Klettertour unterlässt.

Bellende Bullys brauchen Beschäftigung

Bei der Englischen Bulldogge handelt es sich in der Regel um ein ausgeglichenes und ruhiges Familien-Mitglied. Die wenigstens Vertreter der Rasse neigen zu lautstarkem Gebell oder dem lästigen Dauerkläffen. Hört der Bully auch nach mehreren Minuten nicht mit dem Bellen auf, erhält der Grund für die Lautäußerung einen hohen Stellenwert. Hierbei liegt es an den Besitzern, die Ursachenforschung zu betreiben. Hunde bellen aus verschiedenen Gründen. Entdecken sie einen vermeintlichen Eindringling, machen sie ihre Familie auf die Gefahr aufmerksam. Zusätzlich kläffen die Tiere vor Freude, wenn Herrchen und Frauchen nach Hause kommen oder die Tür für einen Spaziergang öffnen. Erhält der Bully beispielsweise nach seinem Begrüßungs-Gebell Aufmerksamkeit und Streicheleinheiten, gewöhnt er sich das Kläffen an.

Daher lohnt es sich, den Vierbeiner erst zu liebkosen, wenn er sich beruhigt und das Bellen einstellt.

In einigen Fällen geben die Rassehunde aus Angst oder Unsicherheit Laut. In einer Situation, die sie nicht einschätzen können, hilft den Haustieren das Bellen, um mit ihrem Rudel Kontakt aufzunehmen. Gleichzeitig steht hinter dem Dauerkläffen eine indirekte Drohgebärde, mit der sich der Hund zu beruhigen versucht.

Andere Englische Bulldoggen neigen dazu, sich mit ihrem lautstarken Bellen Aufmerksamkeit zu verschaffen. Die vierbeinigen Charmeure stehen mit Vorliebe im Mittelpunkt und fühlen sich nicht wohl, wenn ihre Familie gerade keine Zeit für sie aufbringt. Aus dem Grund verlegt sich der Bully auf das Kläffen. Bereits die genervte Reaktion der Besitzer reicht aus, um den Hund in seiner Tätigkeit zu bestätigen.

Je mehr Herrchen oder Frauchen schimpfen, desto begeisterter bellt der Bully.

Bully Bild 76 grigory_bruev©123RF.com

Befindest Du Dich nicht daheim und die Englische Bulldogge kläfft ununterbrochen, leidet das Tier vermutlich an Einsamkeit. Hierbei dient das Bellen ebenfalls dazu, den Vierbeiner zu beruhigen. Die charakteristischen Rassehunde erreichen unter Umständen eine beeindruckende Lautstärke, sodass sich Nachbarn oder Passanten von dem Gebell gestört fühlen. Um Konflikte zu vermeiden, lohnt es sich, dem Bully die übermäßige Lautäußerung abzugewöhnen.

Bellt Deine Englische Bulldogge aufgrund der Sucht nach Aufmerksamkeit, braucht der Vierbeiner eine alternative Beschäftigung. Jedoch solltest Du eine Spiel-Aufforderung nicht während des Kläffens starten, da der Hund dies als Erfolg wertet. Reagierst Du auf das Bellen, gibt der Bully immer wieder Laut, wenn er Langeweile verspürt oder sich nicht im Mittelpunkt wähnt. Als besser erweist es sich, eine Bellpause des tierischen Familien-Mitglieds abzuwarten und ihm sein Lieblings-Spielzeug zu präsentieren.

Alternativ besteht die Möglichkeit, den Vierbeiner an die frische Luft zu führen, damit er sich auspowert und zu Hause neue Energien sammelt. Reagiert das Haustier nicht auf die Aufforderung zum Spielen und bellt unbeirrt weiter, lohnt es sich, ihm das Kommando "Platz!" zu erteilen. Sobald sich Hunde hinlegen, fühlen sie sich unsicher.

In der Regel vermeiden sie es, in dieser sprichwörtlich unterlegenen Position zusätzlich auf sich aufmerksam zu machen. Daher stellen sie im Normalfall das Kläffen allmählich ein.

Du solltest die Englische Bulldogge hierbei im "Platz!" lassen, bis sie sich vollständig beruhigt. Danach darf der Hund wieder aufstehen. Setzt er sein Kläffen fort, kannst Du ihn erneut in die liegende Position befehlen.

Wiederholt sich der Prozess mehrmals, unterlässt der Vierbeiner das Gebell.

In einigen Fällen verhalten sich die quirligen Rassehunde innerhalb der Wohnung vorbildlich, beginnen jedoch, im Garten ununterbrochen zu bellen.

Bully Bild 83ammit ©123RF.com

Lob fördert den Lernerfolg

Bei der Erziehung der Englischen Bulldogge stellt das stetige Loben einen wesentlichen Bestandteil dar. Damit das Erlernte im Gedächtnis des Hundes bleibt, steht die positive Verstärkung im Mittelpunkt. Das bedeutet, dass Du Deinem Haustier durch Bestätigung und Zuwendung eine angenehme und entspannte Atmosphäre schaffst. Auf diese Weise fühlt sich der charaktervolle Vierbeiner bei den Übungen wohl und geht bereitwillig auf die Kommandos seines Besitzers ein.

Damit sich die gängigen Trainings-Einheiten in dem Gedächtnis Deines tierischen Schülers festigen, besteht die Notwendigkeit, auch kleine Fortschritte zu honorieren. Handelt der Bully bei einem speziellen Befehl zufällig auf die richtige Weise, spielt das Loben ebenfalls eine wesentliche Rolle. Hierbei bemerkt der Vierbeiner, welches Benehmen einen für ihn positiven Effekt nach sich zieht. Für eine Steigerung des Lernerfolgs bewährt es sich, die jeweiligen Belohnungen an die Vorlieben Deiner Englischen Bulldogge anzupassen. Gehst Du auf das individuelle Wesen des Hundes ein, entsteht eine Vertrauensbasis zwischen euch. Auf deren Grundlage gelingt es Dir, Deinen bellenden Schützling zu einem zuverlässigen Familien-Mitglied zu erziehen.

Bei den Belohnungen zeigen sich die persönlichen Vorlieben der Vierbeiner auf eine unterschiedliche Weise.
Mehrere Vertreter der Art freuen sich bereits über lobende Worte von Herrchen und Frauchen und genießen nach einer erfolgreich absolvierten Übung eine Streicheleinheit. Bei anderen Englischen Bulldoggen geht nicht ausschließlich die Liebe, sondern auch der Lernerfolg durch den Magen.

Sie reagieren auf die positive Verstärkung in Form eines schmackhaften Leckerchens. Neben den gängigen Hundekuchen freuen sich die vierbeinigen Feinschmecker ebenso über einen saftigen Fleischbrocken. Dabei solltest Du darauf achten, den Haustieren kein rohes Schweinefleisch zu verabreichen, da im schlimmsten Fall gefährliche Infektionen drohen.

Ausschließlich in einem durchgebratenen Zustand stellen die Fleischstücke aus Schweinefleisch kein Risiko für den besten Freund des Menschen dar. Gehört Deine Englische Bulldogge zu den Rassehunden, die sich zwar über Leckerchen freuen, sie jedoch nicht als Lernmotivation ansehen, existieren weitere Alternativen.

Beispielsweise bevorzugen die Bullys ein lustiges Spiel als Belohnung für ein erfolgreiches Training.

Beim Toben mit Herrchen oder Frauchen lassen sie ihrer Energie freien Lauf und verarbeiten gleichermaßen den physischen Stress, den eine Lerneinheit unter Umständen verursacht. Des Weiteren fixiert sich eine Vielzahl von Hunden auf ein Spielzeug, mit dem sie herumtollen. Gibst Du dem Tier nach einer durchgeführten Übung sein Lieblings-Spielzeug, verknüpft der Bully das Training mit der Freude am Spielen.
Auf diese Weise kommt es zu einer positiven Assoziation, wodurch der Hund späteren Trainings-Einheiten freudig gegenübersteht. Damit der beste Freund des Menschen sich bei der Arbeit mit Dir wohlfühlt, erhalten die Belohnungen einen herausragenden Stellenwert.

Versteht der Vierbeiner ein Kommando nicht auf Anhieb, schaffen die positiven Verstärkungen einen Anreiz für weitere Versuche. Zudem motivierst Du den tierischen Schüler auf die Weise, sich anzustrengen, um das Lob zu erhalten. Die Anerkennung bekommt für die Englische Bulldogge Priorität, da der intelligente Rassehund mit Vorliebe im Mittelpunkt steht. Sonnt er sich nach einer vollbrachten Aufgabe in Deiner Zuwendung, wiederholt er die Übungen ohne Schwierigkeiten, um erneut Streicheleinheiten und Aufmerksamkeit zu bekommen.
Verweigert sich die Englische Bulldogge einem Kommando, stellt körperliche Gewalt als Korrektur-Maßnahme keine Alternative dar. Bereits eine unbedachte Handlung führt im schlimmsten Fall zu einem Vertrauensbruch, der das Verhältnis zwischen Besitzer und Haustier erschüttert. Bullys verfügen über eine gute Empathie und merken sich Stimmungen, sodass sie eventuelle Spannungen frühzeitig identifizieren.

Des Weiteren besteht die Möglichkeit, dass die Englische Bulldogge die körperliche Strafe als positive Verstärkung missversteht. Der Hund braucht die Zuwendung der Familie, selbst wenn es sich dabei um negative Aufmerksamkeit handelt. In der Folge fährt der Vierbeiner mit seinem unerwünschten Verhalten fort, um sich weiterhin in Szene zu setzen. Gleichzeitig existiert die Möglichkeit, dass eine körperliche Züchtigung die Aggressivität des Rassehundes weckt.

Fühlt sich der beste Freund des Menschen bedroht, schnappt er beispielsweise nach Dir, um sich zu schützen. Um das zu vermeiden, solltest Du Korrekturen nicht durch körperliche Gewalt gegen den Hund vornehmen.
Vielmehr lohnt es sich, dem Bully bei einem unerlaubten Benehmen die Zuwendung zu entziehen. Oftmals begehen die tierischen Rabauken Unfug, um im Fokus zu stehen. Ignorierst Du die Eskapaden der Englischen Bulldogge, findet sie keinen Gefallen an ihrem Tun und unterlässt den Schabernack.

Dein Bully bemerkt, dass sich sein Verhalten auf lange Sicht nicht auszahlt, da die erwartete Aufmerksamkeit ausbleibt. Damit ein Lern-Effekt einsetzt, beweist Du hierbei Konsequenz, bis er seine unerwünschte Handlung einstellt. Entstehen durch das Toben des Bullys kleine Schäden, brauchst Du den Vierbeiner nicht zu tadeln oder zu beschimpfen, da er auch das als positive Verstärkung auffasst.

Besser ist es, den Bully bis zu der Beseitigung des Schadens zu ignorieren. Weist das Tier eine Verhaltens-Auffälligkeit auf, besteht Handlungsbedarf.

Vorwiegend beißende und schnappende Hunde stellen eine Gefahr für kleine Kinder oder andere Vierbeiner dar. Deshalb ist es erforderlich, dass Du diesem Benehmen der Englischen Bulldogge auf den Grund gehst. Zudem können professionelle Hundetrainer helfen, dem Bully das unerwünschte Benehmen abzugewöhnen. Bei Bedarf solltest Du Dich demnach nicht scheuen, eine Hundeschule aufzusuchen oder einen selbstständigen Trainer zu konsultieren.

Treibt es Dein Bully mit seinen Mätzchen zu weit, lohnt es sich, eine "stille Ecke" einzuführen. Reagiert die Englische Bulldogge auf eine Ermahnung deinerseits nicht, solltest Du sie danach in die erwähnte Ecke bringen. Im besten Fall handelt es sich dabei um eine langweilige Zimmerecke, die keine optischen Reize für den Bulldog bereithält. Das bedeutet, dass sich in dem Bereiche keine Spielsachen, Futterplätze oder kuschelige Decken befinden sollten. Des Weiteren empfiehlt es sich, einen Platz ohne Fenster, durch das der Vierbeiner hinausschauen kann, zu wählen.

In der stillen Ecke bleibt der Hund über einen Zeitraum von fünf bis zehn Minuten. Holst Du das Tier aus seiner Strafecke, solltest Du es nicht streicheln oder überschwänglich für sein zehnminütiges Stillsitzen loben. Anderenfalls erinnert sich der Hund ausschließlich an das Lob und vergisst sein vormalig unerwünschtes Verhalten. Fährt er nach der Strafe mit dem Unfug fort, ermahnst Du ihn erneut. Beispielsweise eignet sich zu dem Zweck ein energisches "Nein", das den Bully auf seine Missetat hinweist. Reagiert er nicht, muss er innerhalb von drei Sekunden erneut in seine stille Zone. Nach mehrmaligen Wiederholungen erkennt der Hund, dass auf sein aufmüpfiges Benehmen ein Aufenthalt in der langweiligen Zimmerecke folgt. Damit verlieren die Eskapaden ihren Reiz, sofern Du Dich konsequent verhältst und Dein tierischer Mitbewohner die stille Ecke als Bestrafung anerkennt. Um das zu gewährleisten, solltest Du auf ein Fehlverhalten der Englischen Bulldogge unverzüglich reagieren. Bei einer zeitversetzten Strafe verbindet der Rassehund die Bestrafung nicht mit seiner Missetat, da er diese längst vergaß.

Ernährung der Englischen Bulldogge

Welche Ernährung braucht die Englische Bulldogge?

Damit der Bully von einer lang anhaltenden Gesundheit profitiert, erhält eine ausgewogene Ernährung für das Tier Bedeutung. Hierbei solltest Du darauf achten, Deiner Englischen Bulldogge ausschließlich hochwertiges Futter zu verabreichen, das ihrem Alter und ihrem gesundheitlichen Zustand entspricht. Die britischen Rassehunde neigen zu einer raschen Gewichts-Zunahme, daher solltest Du Deiner Zuneigung zu dem Vierbeiner nicht durch Leckerchen Ausdruck verleiten. An einem Tag bekommt der Bully ausschließlich eine Handvoll Leckereien, damit er kein Fett ansetzt. Bewegt sich das Tier wenig, reduzierst Du die Menge.
Auf die Weise behältst Du das Gewicht Deiner Englischen Bulldogge einfach im Auge. Welpen benötigen eine andere Ernährung als ausgewachsene Vierbeiner. Da sie sich noch in der Entwicklung befinden, brauchen sie in der Regel konzentriertere Nährstoffe.

Fertigfutter oder hausgemachte Speisen für den Bully?

Einige Bullys verfügen über einen empfindlichen Magen und vertragen ausschließlich wenig Fertigfutter. Um dennoch ihren Bedarf an Nährstoffen zu decken, bewährt es sich für den Besitzer der Englischen Bulldogge, sich als Koch zu betätigen. Hierbei besteht die Notwendigkeit, das Haustier nicht zu vermenschlichen. Bei der Englischen Bulldogge handelt es sich trotz ihres lustigen Aussehens um einen Verwandten des Wolfes. Daher stellen vorwiegend Fleisch und Ballaststoffe die Nahrungsgrundlage des Vierbeiners dar. Als geeignete Alternative zur Fütterung von fertigem Hundefutter aus dem Geschäft bewährt sich die Ernährungs-Methode des Barfens. Der Begriff "Barf" bezeichnet die biologisch artgerechte Rohfütterung, bei der ausschließlich naturbelassene Produkte in den Hundenapf gelangen. Hierbei erhält der natürliche Zustand der Nahrungsmittel Relevanz, da der Magen der Bullys Zusatzstoffe und Chemikalien nicht verträgt.

Bully Bild 106 guesswho©123RF.com

Durch eine natürliche Ernährung gelingt es Dir, die Verdauung der Englischen Bulldogge positiv zu beeinflussen. Ebenso beugt das Barfen einem Übergewicht des besten Freundes des Menschen vor, da dieser weniger Kohlenhydrate zu sich nimmt. Bei der Ernährungs-Methode "Barf" kommt es darauf an, dem Vierbeiner ausschließlich rohe – in dem Sinne unbehandelte Produkte – zur Verfügung zu stellen. Hierbei lohnt es sich, die individuellen Vorlieben des tierischen Familien-Mitglieds zu berücksichtigen.

Bei einer Rohfütterung von Rindfleisch und Geflügel entstehen dem Bully keine gesundheitlichen Probleme. Allerdings solltest Du Deinem Haustier kein rohes Schweinefleisch servieren, da sich gefährliche Parasiten darin verbergen. Gelangen diese in den Darm des Rassehundes, kommt es zu schwerwiegenden Erkrankungen. Gleichzeitig verfügt das Barfen über den Vorteil, dass Du die exakte Zusammenstellung der Nahrung kennst, da Du sie eigenständig vornimmst. Dabei solltest Du darauf achten, dass Fleisch den Hauptbestandteil des jeweiligen Gerichts darstellt. Ebenso brauchen Englische Bulldoggen Eiweiße für einen intakten Knochenaufbau sowie ausreichend Kohlenhydrate, um Energie zu gewinnen.

Daher besteht ein passendes Barf-Gericht beispielsweise zu zwei Vierteln aus Rindfleisch oder durchgebratenem Schweinefleisch. Ein Viertel der Portion ergibt sich aus ungewürztem Kartoffelbrei sowie Reis und das letzte Viertel könnte aus Erbsen oder Karotten bestehen. Abwechslung spielt bei der Ernährung des Bullys eine wesentliche Rolle, da Langeweile im Napf schnell zu Appetitlosigkeit führen kann.

Demnach solltest Du dem Tier unterschiedliche Speisen vorsetzen, die dem jeweiligen Bedarf Deines Schützlings entsprechen. Hierbei lohnt es sich, die Gemüse- und Fleischsorten zu variieren, um stetig neue Geschmacks-Erlebnisse zu schaffen. Zusätzlich zu dem Fleisch und den Ballaststoffen benötigt die aus England stammende Hunderasse Mineralstoffe und Vitamine. Beispielsweise verabreichst Du dem Bully diese in Form von:

- unbehandeltem Obst,
- Hüttenkäse,
- Gemüse,
- frischen Kräutern
- und Naturjogurt.

Beim Gemüse steht die Frische im Vordergrund, da sich in aufgetauten Produkten weniger Vitamine befinden. Ebenso gehen durch das Abkochen zahlreiche Zusatzstoffe verloren.

Daher profitiert Dein Bully vorrangig von rohem Gemüse, das seinem Gericht zusätzlichen Biss verleiht. Zudem spielt Obst als Vitamin-Lieferant für die Englische Bulldogge eine tragende Rolle. In einem Apfel befinden sich beispielsweise die Pektine, die über eine entgiftende Wirkung verfügen. Gleichzeitig fördern sie die Verdauung Deines vierbeinigen Mitbewohners und regulieren seinen Säure-Basen-Haushalt.

Träufelst Du in sporadischen Abständen natives Olivenöl auf das Futter Deines Hundes, sorgst Du für eine verbesserte Verdauung und ein glänzendes Fell. Demnach beeinflusst die gesunde Ernährung auch die äußere Erscheinung des Rassehundes positiv. Tomaten und Karotten verfügen über das wichtige Vitamin A, das zu einer Stärkung des Immunsystems beiträgt. Des Weiteren profitiert der Bully von frischen Kräutern, die zahlreiche Vitamine und Zusatzstoffe beinhalten. Als Topping für ein Gericht verwendest Du beispielsweise:

- Petersilie,
- Löwenzahn,
- Dill,
- Brennnessel
- oder Basilikum.

Leidet Dein Hund an einer Schwächung der körpereigenen Abwehrkräfte können zusätzliche Vitaminpräparate helfen, um das Immunsystem zu stärken. Jedoch solltest Du hierbei keine Eigenmedikation vornehmen. Vielmehr bewährt es sich, den Tierarzt im Vorfeld um Rat zu bitten. Gleichzeitig besteht die Möglichkeit, fertige Vitamin-Mischungen zu erwerben. Beispielsweise befinden sich in den Päckchen unterschiedliche Obst- und Gemüsesorten, die zu einer besseren Gesundheit der Englischen Bulldogge beitragen.
Die Fettsäuren Omega-3 und -6 nehmen einen hohen Stellenwert ein. Um einem Mangel an den relevanten Zusatzstoffen vorzubeugen, lohnt es sich, dem Bully einen Löffel Sonnenblumenöl über das Futter zu träufeln. Alternativ eignet sich Leinöl, das gleichzeitig für eine verbesserte Fellstruktur und seidigen Glanz sorgt.

Ebenso gehören die Aminosäuren auf den Speiseplan der Englischen Bulldogge, um ein gesundes Knochenwachstum zu gewährleisten. Allerdings vertragen nicht alle Vierbeiner den Verzehr von rohem Eiweiß. Eine Alternative bilden gekochte Eier.

Ungekochtes Eigelb verfügt über Spurenelemente, welche die Englische Bulldogge für ein gesundes Wachstum benötigt. Gelangt mit dem Eigelb ein Stück Eierschale in den Napf, stellt das kein Problem dar. Im Gegenteil besitzt die aus Kalk bestehende Eierschale einen positiven Effekt auf die Gesundheit Deines Hundes. Das liegt an dem Umstand, dass sie den Bedarf des Vierbeiners an natürlichem Kalzium deckt.

Bully Bild 109 margouillat ©123RF.com

Vorsicht giftige Schokolade

Bei einem Bully handelt es sich um ein geliebtes Familien-Mitglied, jedoch nicht um einen Menschen.

Daher existieren menschliche Nahrungsmittel, welche Dein Haustier gesundheitlich schädigen oder sogar töten könnten. Vorwiegend Schokolade nimmt einen negativen Einfluss auf den Verdauungs-Trakt des Vierbeiners.

In kakaohaltigen Süßigkeiten befindet sich der Stoff Theobromin, der zu einer Vergiftung bei Hunden führt.

Zartbitter-, Block- und Kochschokolade enthalten besonders viel Theobromin. Gelangt das Tier im Welpen-Alter an einen solchen Riegel Schokolade, könnte es zu einem tödlichen Verlauf der toxikologischen Komplikation kommen.

Daher solltest Du Süßigkeiten für den Hund unzugänglich aufbewahren, damit er auch nicht zufällig an den gefährlichen Stoff gerät.

Eine gesunde Ernährung trägt nicht ausschließlich zur körperlichen Fitness Deines Vierbeiners bei. Gleichzeitig verleihen die zusätzlichen Vitamine dem besten Freund des Menschen ein glänzendes und weiches Fell. Die wichtigsten Vertreter aus der Stoffgruppe stellen die Vitamine A und E dar. Des Weiteren profitiert die Englische Bulldogge von einer ausreichenden Versorgung mit Zink.

Die wichtigsten Futter-Regeln für die Englische Bulldogge

Für eine störungsfreie Verdauung des Bullys bewährt es sich, die relevanten Futter-Regeln zu beachten. Dadurch profitiert Dein vierbeiniges Familien-Mitglied von einer ausreichenden Vitaminzufuhr und einer daraus resultierenden starken Immunabwehr. Zu den Richtlinien gehören folgende Punkte:

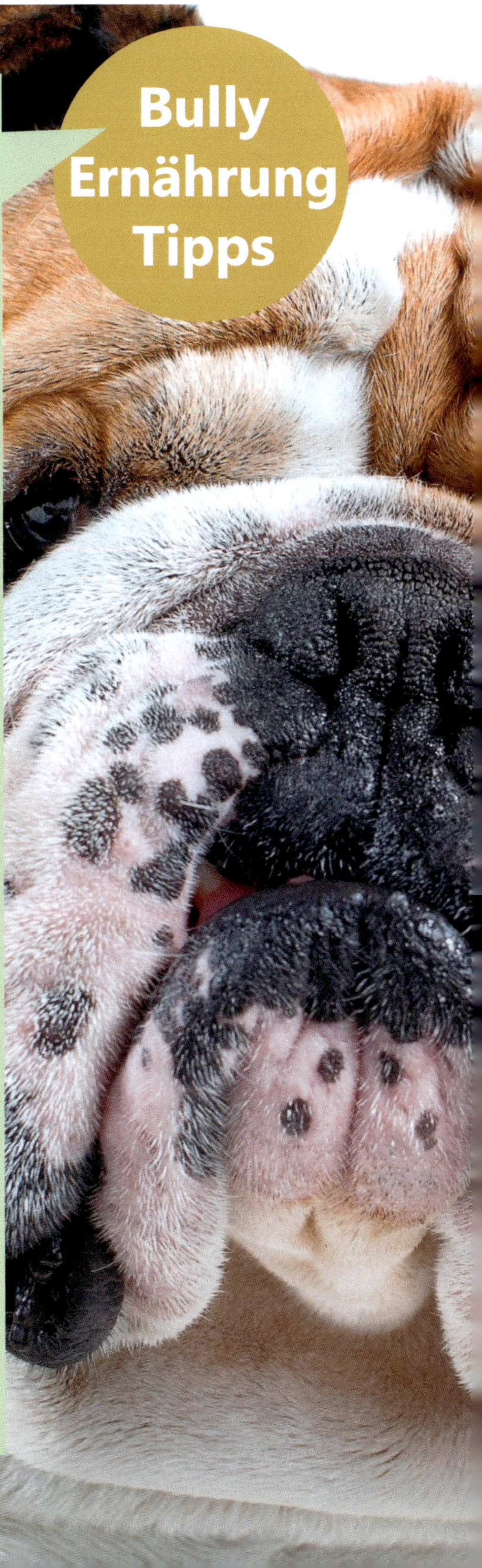

Feste Fütterungszeiten

Sie sorgen für einen ungestörten Stoffwechsel der Englischen Bulldogge und helfen gleichzeitig, seinen Alltag zu strukturieren. Der ausgewachsene Rassehund benötigt zweimal am Tag eine Futterportion, in der sich wichtige Nähr- und Zusatzstoffe befinden.

Wie groß die jeweilige Portion ausfällt, bestimmen das Gewicht und die Ernährungs-Gewohnheiten des Haustiers. Vorwiegend auf Fertigfutter-Dosen befinden sich die entsprechenden Richtwerte. Alternativ kannst Du Dich bei Deinem Tierarzt nach den passenden Portionsgrößen für den Bully erkundigen.

Feste Fresszeiten

Ebenso wie der Zeitpunkt der Fütterung solltest Du die Zeitspanne, in der das Futter zur Verfügung steht, festlegen. Gelangt die Englische Bulldogge rund um die Uhr an ihren gefüllten Napf, gerät ihr Biorhythmus aus dem Takt. Die stetige Erreichbarkeit widerspricht den natürlichen Lebensbedingungen des Rassehundes und führt im schlimmsten Fall zu einer gestörten Verdauung. Zudem besteht das Risiko, dass sich Insekten und Parasiten auf dem offen stehenden Futter niederlassen.

Nimmt Dein Hund deren Larven auf, kommt es zu gefährlichen Erkrankungen. In der Regel bewährt es sich, das Futter eine Viertelstunde, nachdem die Englische Bulldogge ihren Hunger stillte, zu entfernen.

Bully Bild 89 tkatsai ©123RF.com

Bully Ernährung Tipps

Individuelle Rationen

Die Größe der Portionen hängt nicht ausschließlich vom Gewicht und dem Alter Deines tierischen Begleiters ab. Gleichzeitig spielt sein gesundheitlicher Zustand eine entscheidende Rolle.

Daher gilt es, die einzelnen Rationen dem Bedürfnis der Englischen Bulldogge anzupassen.

Futter in Zimmertemperatur

Der Magen Deines Haustiers zeigt sich empfindlich, sodass kalte Speisen zu einer unnötigen Reizung führen.
Kommt das Futter aus dem Kühlschrank, solltest Du es im Vorfeld erwärmen, um dem Hund Verdauungs-Störungen zu ersparen.

Abwechslung beim Fressen

Zwar handelt es sich bei den Englischen Bulldoggen um Gewohnheitstiere, dennoch mögen sie keine Langeweile. Befindet sich täglich dasselbe Futter in ihrem Napf, kommt es im schlimmsten Fall zu einer Fress-Unlust, welche beim Vierbeiner gesundheitliche Folgen nach sich zieht.

Um das zu vermeiden, lohnt es sich, Deinem Haustier verschiedene Speisen zu servieren und diese in ihren Inhaltsstoffen zu variieren.
Zusätzlich bietet die abwechslungsreiche Ernährung den Vorteil, den besten Bully mit einer Vielzahl von Vitaminen und Zusatzstoffen zu versorgen.

Langsame Futter-Umstellungen

Der empfindliche Magen der Englischen Bulldogge verträgt eine rapide Futter-Umstellung in der Regel nur schlecht. In einigen Fällen reagiert der Vierbeiner auf die veränderten Speisen mit einer verstimmten Verdauung oder Durchfall.

Bully Ernährung Tipps

Um das zu vermeiden, solltest Du eine neue Futtermarke schonend und langsam einführen. Hierbei reichen erst einmal kleine Portionen, damit sich der Bully an die unvertraute Nahrung gewöhnen kann.

Kommt es bei einem veränderten Futter zu gesundheitlichen Komplikationen wie Erbrechen, Durchfall oder Verstopfung, erfordert dies einen Tierarzt-Besuch. Eine Ernährungs-Unverträglichkeit führt ohne eine Behandlung im schlimmsten Fall zu einer chronischen Erkrankung.

"Nur Fleisch" ist keine Lösung

Englische Bulldoggen gehören zu den Fleischfressern und benötigen das tierische Produkt als hauptsächliches Nahrungsmittel. Trotzdem erweist es sich als falsch zu glauben, dass die besten Freunde des Menschen sich ausschließlich von Fleisch ernähren. Für ihre Gesundheit brauchen die Rassehunde gleichermaßen ausreichend Kohlenhydrate und Vitamine. Zusätzlich spielt ein hohes Maß an Ballaststoffen für ihre Entwicklung eine bedeutende Rolle.

Daher sollten sich neben dem Fleisch im Napf des Tieres Gemüse, Kartoffeln oder Reis und Obst befinden. Verabreichst Du Deinem Vierbeiner Fertigfutter, enthält dieses in der Regel die nötigen Komponenten.

Trotzdem schadet es nicht, dem unverkennbaren Haustier zusätzliche Vitaminpräparate zu verfüttern.

Unbehandeltes Futter

Der Bully profitiert von dem Verzehr von unbehandelten Speisen. Vorwiegend gesüßte und stark gewürzte Nahrungsmittel führen zu einer gestörten Verdauung des Rassehundes.

Bully Bild 44 greissdesign ©123RF.com

Bully Ernährung Tipps

Keine Milch

Obwohl auch der Bully ausreichend Vitamin D für eine feste Knochenstruktur benötigt, verträgt er im Regelfall keine Kuhmilch. Durch den hohen Fettgehalt in der Flüssigkeit produziert der beste Freund des Menschen eine große Menge Magensäure, wodurch es zu einer gestörten Verdauung kommt.

Tipp:
Um dem tierischen Feinschmecker trotzdem einen schmackhaften Schwapp Milch zu gönnen, könntest Du auf Kondensmilch zurückgreifen. Jedoch solltest Du aufmerksam beobachten, wie die Englische Bulldogge auf die Flüssigkeit reagiert und ob sich gesundheitliche Komplikationen zeigen. Zudem besteht die Notwendigkeit, die Kondensmilch gut zu dosieren, da größere Mengen beim Rassehund zu Durchfall führen können.

Kein rohes Schweinefleisch

Vorwiegend beim Barfen spielt die Rohfütterung eine wesentliche Rolle. Stammt das Fleisch vom Rind oder Geflügel, stellt eine ungekochte Verfütterung keine Schwierigkeit dar. In rohem Schweinefleisch befinden sich gefährliche Bakterien, welche bei der Englischen Bulldogge die Aujeszkysche Krankheit verursachen. Hierbei leidet der Vierbeiner an ähnlichen Symptomen wie bei einer Tollwut.
Aus dem Grund bezeichnen die Experten das Phänomen auch als "Pseudowut". Im schlimmsten Fall verläuft die Komplikation tödlich. Daher solltest Du darauf achten, Deinem Bully ausschließlich durchgegartes Schweinefleisch in den Napf zu geben.

Kein Rennen nach dem Füttern
Mit einem vollen Magen zu toben, schlägt bei Menschen auf die Verdauung und führt zu einem Unwohlsein. Ähnlich verhält es sich bei der Englischen Bulldogge, die ebenfalls nach dem Fressen nicht rennen und toben sollte.

Bully Bild 75 Isselee ©123RF.com

Pflege & Gesundheit

Die Bully-Pflege von Kopf bis Pfote

Mittlerweile weißt Du, dass die Englische Bulldogge eine enge Bindung zu ihrer Bezugsperson benötigt. Stundenlanges Kuscheln auf der Couch gefallen dem Vierbeiner ebenso wie die Streicheleinheiten während eines ausgedehnten Sonnenbads. Vorwiegend in diesen Situationen kommt ein Spaziergang dem gemütlichen Rassehund nicht gelegen, sodass er sich unter Umständen verweigert. Obgleich seiner in der Regel unsportlichen Veranlagung braucht das Tier die tägliche Bewegung, damit die Gelenke belastbar bleiben.
Demnach gehört das Spazierengehen ebenso zu der Pflege der Englischen Bulldogge wie das Reinigen von Fell und Pfoten. Als neugieriger Zeitgenosse erkundet der Vierbeiner mit Vorliebe seine Umgebung und schreckt auch vor dem größten Schmutz nicht zurück. Daher liegt es an Dir, Deinen Bully von dem mitgebrachten Unrat zu befreien, um einer Infektion frühzeitig vorzubeugen.

Zudem besteht die Notwendigkeit, das Tier regelmäßig auf Parasiten zu kontrollieren. Zu diesen zählen beispielsweise: Zecken, Würmer, Läuse, Flöhe und Milben.

Bleiben die lästigen Schädlinge in dem Fell Deiner Englischen Bulldogge, leidet diese an Juckreiz und Haut-Irritationen. Im schlimmsten Fall kratzt sich der Vierbeiner blutig, sodass Entzündungen im Bereich des Möglichen liegen.
Aus dem Grund geht mit der Haltung eines Bullys ein täglicher Pflege-Aufwand einher.

Pflege-Tipp

Wer sich für eine englische Bulldogge entscheidet muss sich im klaren darüber sein, dass Bullys aufgrund ihres kurzen Körper Ihren Po (Afterbereich) nicht alleine putzen und reinigen können. Damit entsteht für den Bully-Halter die tägliche Aufgabe nach jedem Toilettengang den Bully-Po zu reinigen und Verschmutzungen zu entfernen.

Bully Bild 111 cole123rf ©123RF.com

Wie gestaltet sich die Fellpflege?

Die Pflege der kurzen Bully-Haare gestaltet sich in der Regel unkompliziert. Aufgrund ihrer dichten Struktur bedürfen sie allenfalls zwei- bis dreimal wöchentlich einer erhöhten Aufmerksamkeit. Hierbei eignet sich eine Bürste mit harten Zinken, um das Fell ausreichend zu kämmen. Gleichzeitig gelingt es Dir auf diese Weise, die Haut Deiner Englischen Bulldogge zu massieren und somit die Durchblutung anzuregen. Tobt der Vierbeiner viel an der frischen Luft herum, benötigt er einmal in der Woche ein Bad, um das Fell von Staub und Schmutz zu befreien. Bei Tieren, die sich vermehrt im Haus aufhalten, reicht es, wenn sie alle vierzehn Tage baden. Speziell im Sommer kannst Du Deine Englische Bulldogge zusätzlich im Garten mit dem Wasserschlauch abspritzen. Somit profitierst Du von einem sauberen Gefährten und der Hund erfreut sich an dem feuchtfröhlichen Spiel. Allerdings solltest Du darauf achten, dass die Temperaturen den kühlen Spaß zulassen. Durch ihr kurzes Fell neigen die Bullys schnell dazu, sich zu erkälten. Im Zweifelsfall kannst Du das Tier daher mit einem Handtuch abtrocknen.

Auch diese Aktion lässt sich der Rassehund in der Regel anstandslos gefallen und genießt die damit einhergehenden Streicheleinheiten.

Bully Bild 112 cole123rf ©123RF.com

Während des Fellwechsels verliert die Englische Bulldogge mehr Haare, sodass ein tägliches Kämmen eine hohe Relevanz erhält. Damit die empfindliche Haut des Hundes keine übermäßige Reizung erfährt, eignen sich statt einer Bürste Naturhaarstriegel oder ein Noppenhandschuh.
Des Weiteren besteht für die Besitzer die Möglichkeit, den Fellwechsel ihres Haustiers mit homöopathischen Hilfsmitteln zu unterstützen. Vorwiegend stehen zu dem Zweck Kräutermischungen zur Verfügung, die ein gutes Haarwachstum gewährleisten und die Zellen mit Nährstoffen versorgen. Zu den nützlichen Pflanzen zählen beispielsweise:

- Brennnesseln,
- Birkenblätter,
- Löwenzahn
- sowie Ackerschachtelhalm.

Als weitere praktische Kräuter erweisen sich der Spitzwegerich, Petersilie und Kerbel. Alle drei Pflanzen verfügen über einen hohen Vitamingehalt, sodass sie die körpereigenen Abwehrkräfte des Vierbeiners ankurbeln. Die Mischungen kannst Du Deiner Englischen Bulldogge problemlos über ihr reguläres Futter streuen. Du belieferst auf diese Weise ihren Organismus mit wichtigen Nährstoffen. Die Kräuter brauchst Du nicht umständlich im Wald zu suchen.
Stattdessen findest Du die passenden Fertig-Präparate ohne Probleme in einem Hunde-Fachhandel oder in Onlineshops.
Wie gewöhnt sich der Bully an die Pflege?
Vorwiegend bei den Welpen der Englischen Bulldogge artet die erste Fellpflege zu einem kleinen Abenteuer aus. Die jungen Hunde gewöhnen sich erst langsam an das Baden und Bürsten, da vorher die Mutter die Pflege übernahm. Durch ihr Lecken bildete sich auf dem Fell ihrer Schützlinge eine wasserundurchlässige und desinfizierende Schicht. Das tierische Putzen entspricht im Regelfall nicht den menschlichen Standards. Es liegt an Dir, Deinen Bully allmählich an die relevante Fellpflege zu gewöhnen.

Dabei ist es wichtig, dass der kleine Vierbeiner keine unangenehmen Erfahrungen mit der Pflege in Verbindung bringt. Schmerzt ihn das Bürsten oder dauert ihm der Prozess zu lange, sieht er diese Art der Zuwendung zukünftig als unangenehm an.

Somit versucht das Tier, dem Säubern von Haaren und Krallen aus dem Weg zu gehen. Um das zu vermeiden, solltest Du die Pflege Deiner Englischen Bulldogge vorwiegend im Welpen-Alter spielerisch gestalten.
Bleibt der Hund während des Badens und Bürstens ruhig sitzen, solltest Du nicht mit Lob und Ermunterung sparen.
Auf die Weise gewinnt das Tier positive Eindrücke und versucht, sie während einer späteren Fellpflege zu wiederholen.
Zusätzlich spornt Dein Lob die Englische Bulldogge dazu an, Dir zu imponieren und sich von ihrer besten Seite zu zeigen.
Neben der Pflege des Pelzes besteht die Notwendigkeit, die Welpen der Hunderasse frühzeitig an die Kontrolle der Ohren, Augen, Krallen und Zähne zu gewöhnen.
Hierbei erhält der Vierbeiner ebenfalls Lob und Streicheleinheiten, wenn er während des Prozesses entspannt bleibt.
Sobald Du bemerkst, dass der Hund zappelt, unterbrichst Du das Kontrollieren und suchst nach dem Grund für die Unruhe Deines tierischen Gefährten.

Beispielsweise vermeidest Du eine schmerzhafte Haltung des Rassehundes, damit dieser sich während der Pflege wohlfühlen kann.

Benimmt sich der Hund im Verlauf des Bürstens albern, um Deine Aufmerksamkeit zu erlangen, steht die Disziplin im Vordergrund. Mit einem strikten "Nein!", machst Du dem Vierbeiner deutlich, dass Du seine komödiantischen Einlagen nicht gutheißt. Sobald er sich beruhigt, profitiert er von einem Lob in Form eines Streichelns oder eines liebevollen Klapses. Vorrangig bei Welpen bekommt mehrmaliges Baden auf die Dauer einen negativen Effekt, da der stetige Temperatur-Wechsel dem Immunsystem des Hundes schadet. Daher reicht es aus, den kleinen Vierbeiner ausschließlich einmal im Monat in die Badewanne zu setzen.

Auf das Trockenföhnen verzichtest Du komplett. Das laute und ungewohnte Geräusch macht der Englischen Bulldogge ebenso Angst wie der warme Luftstrom. Ein weiches Handtuch empfindet Dein Bully als angenehmer. Es eignet sich ebenso, um das Fell behutsam zu trocknen. An kühleren Tagen sollte der Welpe nach dem Bad nicht sofort nach draußen, da anderenfalls eine Erkältung droht.

Damit die Haare zeitnah trocknen, kannst Du den Korb Deines Hundes in die Nähe einer Heizung oder beispielsweise ins Sonnenlicht stellen. Der Bully erfreut sich an der Wärme und ruht sich nach dem Erlebnis des Bads aus. Döst das Tier in seinem Körbchen ein, profitierst Du von dem positiven Nebeneffekt einer problemlosen Haut- und Ohrenkontrolle. Jedoch solltest Du beim Prozess Vorsicht walten lassen, um Dein Haustier nicht zu erschrecken.

Die Pflege vom Scheitel bis zu den Krallen

Neben der Fellpflege spielt bei der Englischen Bulldogge die allgemeine Körperpflege eine wesentliche Rolle. Zu dieser gehört die regelmäßige Hautkontrolle des Bullys, bei der Du nach Verletzungen oder Entzündungen Ausschau hältst. Ihre eigene Pflege übernahmen die Englischen Bulldoggen von den Wildhunden und den Wölfen. Diese nahmen ein wohltuendes Schlammbad, um ihre Haut vor der Hitze und vor Parasiten zu schützen. Jedoch besteht hierbei das Risiko, dass der Schmutz zu Reizungen der obersten Hautschicht führt.
Demnach eignet sich nach jedem Spaziergang ein weiches Tuch, um den gröbsten Dreck aus dem Hundefell zu wischen. Zudem gestaltet sich die Pflege der Hautfalten, welche die Englische Bulldogge zu einer Besonderheit machen, zu einer aufwendigen Aktivität. Damit sich zwischen den einzelnen Hautlappen kein Staub ansammelt, kontrollierst Du die Falten täglich.

Versäumst Du die Säuberung der Gesichtsfalten, kommt es im schlimmsten Fall zu einer Haut-Entzündung.

Bully Bild 112 ©ole123rf © 123RF.com

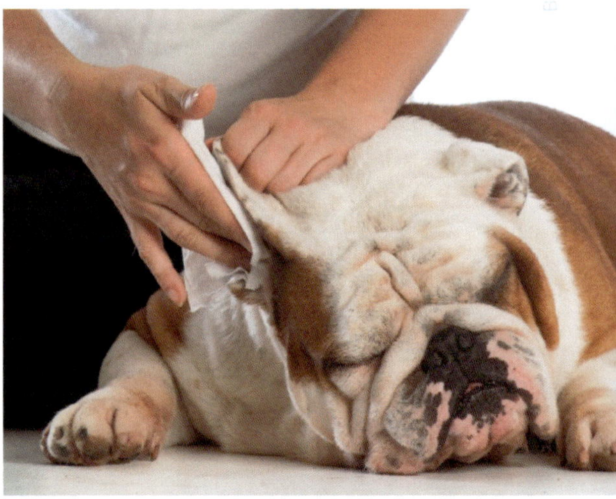

Nach dem Bad besteht die Notwendigkeit, die Zwischenräume der Falten trocken zu wischen, da sich an den feuchten Stellen Bakterien ansammeln können. Schwitzt der beste Freund des Menschen, säuberst Du ihn mit einem weichen Taschentuch.

Sobald sich auf der Haut eine leichte Rötung zeigt, eignet sich eine Creme, um die Reizung frühzeitig zu lindern. In Fachgeschäften findest Du die Produkte für Dein Haustier. Alternativ kannst Du Dich von Deinem Tierarzt beraten lassen. Des Weiteren erhält die Pfoten- und Krallenpflege Priorität, um die Gesundheit des Rassehundes zu gewährleisten. Damit Dein Hund keine Einschränkung in seiner Bewegung erleidet, benötigt er eine regelmäßige Kontrolle der Pfoten und Krallen. Vorwiegend junge Vierbeiner sehen das Säubern ihrer Füße als lustiges Spiel an und benehmen sich albern, um ihre Herrchen und Frauchen zum Mitspielen zu animieren. Hierbei solltest Du nicht auf die Faxen der Englischen Bulldogge eingehen, da diese sich anderenfalls bei jeder Säuberung selbst in Szene setzt. Damit der Bully stillhält, lobst Du ihn für sein braves Verhalten und machst ihm Fehltritte mit einem strikten "Pfui!" klar.

Bully Bild 119 cole123rf ©123RF.com

Um die Pfötchen Deines Hundes ordnungsgemäß zu reinigen, kannst Du den Prozess mehrmals üben, um ihn daran zu gewöhnen. Dabei nimmst Du abwechselnd eine Pfote auf und wischt diese mit einem weichen Tuch ab. Zu Beginn versucht die Englische Bulldogge vielleicht, in das Handtuch zu beißen oder Deine Finger zu zwicken. Auch auf das Benehmen solltest Du rigoros reagieren, um den Vierbeiner nicht zu weiteren Spielchen zu animieren. Zieht der Bully seine Pfoten wiederholt weg, nützt es im Regelfall nichts, ihn mit Gewalt festzuhalten. In dem Fall fürchtet sich das Tier vor dem Säubern und wehrt sich gegen das vermeintlich feindlich gesinnte Handtuch.

Eine bessere Alternative stellt zu dem Zweck das Gib-Pfötchen-Training dar. Sobald Du dem Vertreter der Rasse das entsprechende Kommando gibst und er diesem nachkommt, lobst Du ihn ausgiebig. Sitzt der Schmutz an den Beinen des Tiers hartnäckig fest, eignen sich Feuchttücher ohne Duftstoffe, um diesen zu entfernen.

Speziell der letzte Punkt ist bedeutend, da intensive Gerüche die sensible Nase der Englischen Bulldogge unnötig reizen. Findet sich an den Pfoten kein Schmutz, steht die Pflege der Krallen im Vordergrund. Läuft Dein Hund vermehrt über Naturböden, nutzen sich seine Krallen nicht von allein ab. Daher besteht die Notwendigkeit, sie regelmäßig zu schneiden, um Hautverletzungen zu vermeiden. In keinem Fall solltest Du zu dem Zweck zu einer normalen Nagelschere greifen, da Hundekrallen sich als härter als Deine Fingernägel erweisen. Rutscht Du mit der Schere ab, fügst Du der Englischen Bulldogge im schlimmsten Fall schmerzhafte Verletzungen zu. Daher solltest Du Dir aus dem Fachhandel oder von einem Tierarzt eine spezielle

Krallenzange besorgen. Mit dem Gerät gelingt es Dir, die verhornten Krallen Deines Hundes abzuknipsen. Kennst Du Dich mit dem Bully nicht aus, könntest Du Dich im Vorfeld von einem Züchter oder dem Veterinär beraten lassen.

Bei einigen Hunden der Rasse befinden sich auf den Pfoten starke Pigmentierungen, die ebenfalls die Krallen betreffen. Daher fällt es vielen Hundehaltern schwer, abzuschätzen, wo sie die Zange ansetzen. Bei Bedarf solltest Du auch in dem Fall auf den Rat eines Hundekenners hören und Dir auf diese Weise die richtige Technik aneignen. Unterlässt Du das Stutzen der Krallen aus Angst, Deinem Vierbeiner Schmerzen zuzufügen, drohen ernsthafte Folgeschäden. Beispielsweise behindern zu lange Krallen den besten Freund des Menschen in seiner Bewegung.

Gleichzeitig resultieren aus den ungeschnittenen Nägeln gespreizte Pfoten, die mit dem zunehmenden Alter ein Problem für den Rassehund darstellen. Bei den betagten Vierbeinern führen eingewachsene Krallen zu schweren Entzündungen. Daher überprüfst Du während der Krallenpflege, ob die Pfoten Deines tierischen Begleiters einen eitrigen Geruch verströmen.

Sobald Du die Eigenart bemerkst, musst Du den Hund einem Tierarzt vorstellen. Neben den Krallen verdienen die Ballen Deiner Englischen Bulldogge ausreichend Beachtung. In der kalten Jahreszeit läuft der Vierbeiner oftmals über Streusalz, das zu einer Austrocknung der Körperstellen führt. In der Folge bilden sich in dem empfindlichen Gewebe Risse, die Dein Haustier in seiner Bewegung einschränken und sich im schlimmsten Fall entzünden.

Um das zu verhindern, solltest Du die Ballen mit fettenden Salben einreiben. Beispielsweise eignen sich hierfür: Vaseline, Hirschtalg und Melkfett.

Die Pflege der Augen, Ohren und Zähne

Junge und erwachsene Hunde benötigen gleichermaßen eine stetige Kontrolle ihrer Augen, Ohren und des Gebisses. Speziell die Augenpflege nimmt bei der Englischen Bulldogge einen wichtigen Stellenwert ein und sollte bereits von klein auf absolviert werden. Damit sich Dein vierbeiniger Gefährte beim ersten Säubern seiner Augen nicht fürchtet, führst Du ihn behutsam an die Pflege heran. Bereits während des Spielens und Streichelns kannst Du dem Hund kurz und sanft über die Augen streichen. Bemerkt er, dass ihm durch Deine Tätigkeit keine Schmerzen entstehen, benimmt er sich bei der späteren Säuberung entspannt und ruhig.

In dem Fall kommt es nicht zu Problemen, wenn Du Sekret und Verunreinigungen aus den Augenwinkeln Deiner Englischen Bulldogge entfernst. Um den empfindlichen Bereich im Gesicht des Rassehundes nicht zu reizen, empfiehlt sich ein weiches und angefeuchtetes Tuch.

Jedoch solltest Du auch hierbei die Verwendung von parfümierten Artikeln strikt vermeiden, da diese zu einem Brennen in den Hunde-Augen führen. Eine bessere Alternative findest Du in speziellen Tiergeschäften, welche die Pflegetücher oftmals in Großpackungen anbieten. Kratzt sich der Bully vermehrt am Ohr, solltest Du die Ohrmuscheln Deines Hundes untersuchen.

Hierbei gilt es, Krusten, Fremdkörper oder Parasiten frühzeitig zu entfernen. Des Weiteren achten die Besitzer einer Englischen Bulldogge darauf, dass sich keine Verunreinigungen in den nach außen gewölbten Rosenohren ihres Haustiers ansammeln.

In dem Fall drohen Entzündungen, welche vorrangig Bakterien oder Pilze hervorrufen. Um auch den Gehörgang des Vierbeiners von Schmutz zu befreien, eignen sich flüssige Ohrenreiniger, die Du bei einem Tierarzt erwerben kannst. Wattestäbchen gehören in keinem Fall in das Hundeohr, da eine erhöhte Verletzungsgefahr besteht. Gleichzeitig schiebst Du den im Ohr befindlichen Schmalz mit der Watte tiefer in die Ohrmuschel.

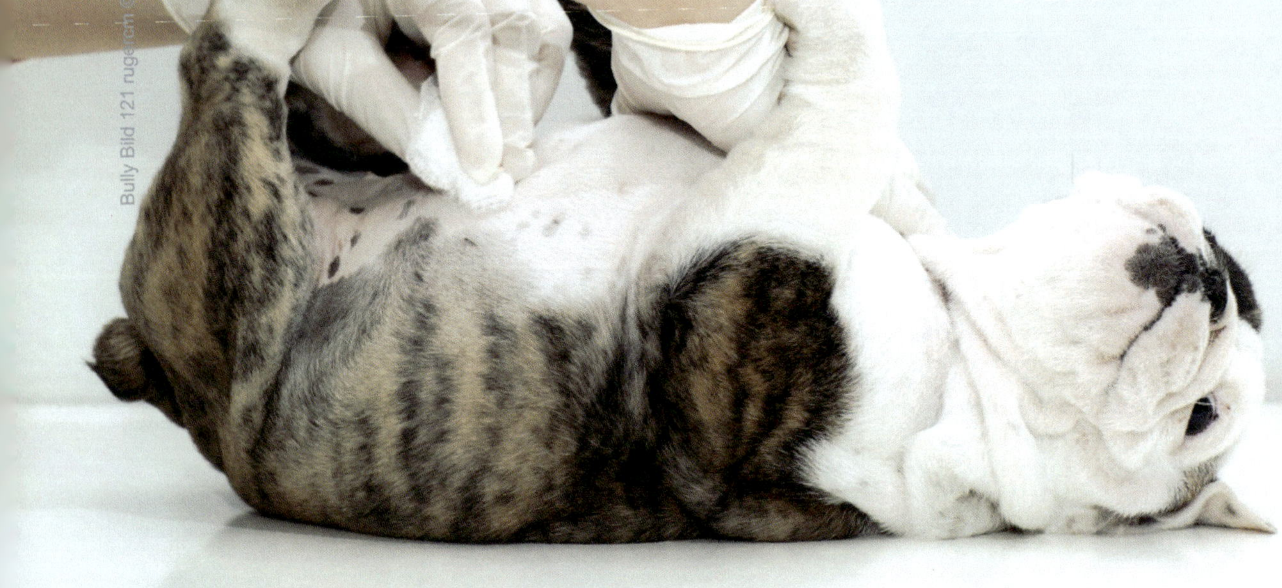

Auf lange Sicht führt die fehlerhafte Pflege zu einem verstopften Gehörgang und einer daraus resultierenden Beeinträchtigung des Hörvermögens Deines Hundes.

Zahnpflege

Des Weiteren benötigt die Englische Bulldogge bereits in jungen Jahren eine gründlich durchgeführte Zahnpflege. Durch das regelmäßige Zähneputzen gelingt es Dir, Verunreinigungen von dem Gebiss des Haustiers zu entfernen. Ebenso besteht die Möglichkeit, dem Vierbeiner harte Leckerbissen zu verabreichen, welche den Belag von den Zähnen vernichten.

Für die Zahnpflege Deines Bullys solltest Du ausschließlich Hundezahnbüsten und die Pasten benutzen, die Du ebenfalls in einem Fachhandel erstehst. Aufgrund des intensiven Geschmacks treffen die Zahnpasten nicht bei jeder Englischen Bulldogge auf Wohlwollen.

Zusätzlich empfinden einige Vertreter dieser Art die Zahnbürste lediglich als lästigen Fremdkörper in ihrem Maul. Daher solltest Du auch die Zahnpflege sofort in den Alltag Deines Bullys integrieren und ihn als Welpen spielerisch an die notwendige Säuberung heranführen.

Verweigern sich bereits ausgewachsene Vertreter dieser Rasse dem Prozess, stehen Kauprodukte, welche die Zahngesundheit des Hundes fördern, im Mittelpunkt. Allerdings gilt es zu beachten, dass der Bully zu einem ungeduldigen Verhalten neigt und sein Kauspielzeug innerhalb kurzer Zeit zermalmt. Zusätzlich besteht bei Produkten aus Büffelhaut die Gefahr, dass die Englische Bulldogge große Stücke herausreißt und diese verschluckt.

Bleiben die klebrigen Reste im Hals des Vierbeiners stecken, kommt es zu einer Erstickungsgefahr.

Um das Risiko zu minimieren, könntest Du Deinem Englischen Rassehund ausschließlich Kauprodukte aus normaler Rinderhaut kaufen. Jedoch sollte der Bully niemals unbeaufsichtigt kauen, da auch durch das starke Einspeicheln des Spielzeugs ein schnelles Zerbrechen und Verschlingen droht.

Was passiert beim Zahnwechsel?

Versorgst Du eine kleine Englische Bulldogge, musst Du ab dem vierten Lebensmonat des Vierbeiners mit dem einsetzenden Zahnwechsel rechnen. In dem Zeitraum benötigt der Welpe ausreichend Kaumaterial, um die Milchzähne abzustoßen, sodass die kräftigen Fänge ohne Probleme deren Platz einnehmen.

Als nützliche Kauspielzeuge eignen sich beispielsweise Knochen oder Utensilien aus hartem Gummi. Geht der Zahnwechsel bei Deinem Hund mit Schmerzen einher, schaffen homöopathische Mittel Abhilfe. Ebenso wie bei Babys eignet sich das Naturheilmittel Osanit, um das gereizte Zahnfleisch zu betäuben. Gleichzeitig kannst Du das zuckerfreie Dentinox-Gel, das vorwiegend Kamillenblüten beinhaltet, verwenden. In einigen Fällen drängt ein neuer Zahn durch das weiche Gewebe, ohne dass der Milchzahn seinen Platz räumt. Befinden sich dadurch beide Zähne im Gebiss des Hundes, kommt es zu einer Doppelstellung.

Fällt der Milchzahn nach ein bis zwei Tagen noch immer nicht aus dem Zahnfleisch, bringst Du die Englische Bulldogge besser zu einem Tierarzt, damit dieser den hartnäckigen Zahn zieht. Auf die Weise vermeidest Du eine spätere Fehlstellung im Gebiss des tierischen Gefährten.

Bully Bild 123 badmanproduction ©123RF.com

Der Bully und das Schmuddelwetter

Ist es draußen nass und schlammig, bringt die Englische Bulldogge schnell Schmutz in die Wohnung oder in das Auto. Daher könntest Du immer ein Handtuch griffbereit halten, um den Vierbeiner von dem gröbsten Unrat zu befreien. Möchtest Du mit dem Englischen Rassehund eine Spritztour unternehmen, empfiehlt es sich, den im Auto befindlichen Hundeplatz mit einer alten Decke auszulegen. Um Feuchtigkeit auf den Sitzen zu vermeiden, eignet sich eine Schmutzmatte aus Gummi, die Du ohne Schwierigkeiten reinigst. Oftmals empfinden Welpen Regen und Dreck als tolle Komponenten, um ein lustiges Spiel von Zaum zu brechen. Damit dieses nicht "Jage den Bully durch das Auto" heißt, könntest Du den kleinen Vierbeiner in einer ausreichend bemessenen Transportbox verstauen. Saugfähige Tücher verhindern, dass das nasse Fell auf die Bezüge des Wagens tropfen und dort unansehnliche Spuren hinterlassen. Auf die Weise gelingt es Dir, die Verschmutzung ausschließlich auf eine kleine Fläche zu begrenzen.

Damit die Englische Bulldogge Erde und Schlamm nicht in die eigenen vier Wände bringt, solltest Du gleichermaßen ein Handtuch vor der Wohnungstür deponieren. Reibst Du das Tier gründlich vor dem Eintreten ab, reduziert sich der hereingebrachte Unrat. Kommt der beste Freund des Menschen selbstständig durch eine Hundeklappe in das Haus und wieder hinaus, könntest Du ein saugfähiges Tuch vor die Öffnung in der Tür legen.

Sobald der Bully hinüberläuft, nimmt der Stoff den ersten Dreck auf, sodass sich weniger Tapsen in der Wohnung befinden. Nach einem Spaziergang im Regen kann es passieren, dass Dein aufgedrehter Gefährte freudig durch die Wohnung rennt und auf diese Weise Schmutz und Nässe verteilt. Um dem Ärgernis vorzubeugen, solltest Du dem Hund frühzeitig beibringen, auf Befehl sein Körbchen aufzusuchen. Hier kannst Du den besten Freund des Menschen ohne großen Aufwand abputzen. Gleichzeitig profitiert das Tier nach

einem Aufenthalt an der kalten Luft von der behaglichen Wärme, die sein Fell trocknet. Daher befindet sich das Hundekörbchen in der Nähe einer Heizung. Zugluft stellt für den Vierbeiner ein ernstes Problem dar, da er sich schnell erkältet.
Zudem solltest Du Deinem tierischen Begleiter das Anspringen anderer Personen strikt abgewöhnen. Vorwiegend ein nasser und schmutziger Hund, der dreckige Tapsen auf der Kleidung hinterlässt, sorgt für Unmut bei Bekannten und Freunden. Damit Deine Textilien nicht unter der Verschmutzung leiden, könntest Du Dir ein extra Gassi-Ensemble zusammenstellen.
Speziell bei älteren Kleidungsstücken stellen Verunreinigungen im Regelfall kein großes Ärgernis dar. Gleichzeitig stellt die stetige Kontrolle nach Parasiten einen wesentlichen Teil der Bully-Pflege dar.
Um einen Befall mit lästigen Flöhen oder Läusen zu vermeiden, solltest Du immer auf einen sauberen Schlafplatz Deines Vierbeiners achten. Demnach eignen sich ausschließlich waschbare Kissen und Decken, um das Körbchen der Englischen Bulldogge zu polstern.

Sobald Du auf dem Stoff schwarze Pünktchen bemerkst, liegt der Verdacht eines Flohbefalls nahe. Damit sich die kleinen Schädlinge nicht in der Wohnung ausbreiten, solltest Du sämtliche Textilien gründlich reinigen und vor allem die Kuscheldecken Deines Haustiers in die Waschmaschine geben. Ab einer Temperatur von 60 Grad überleben die Lästlinge das unfreiwillige Bad nicht. Teppiche kannst Du mit desinfizierenden Mitteln reinigen, um auch den letzten Floh ordnungsgemäß zu vergiften. Ebenso eignen sich Insektensprays, die Du nur sprühen solltest, wenn sich Dein Hund nicht im Raum befindet. Die starken Dämpfe könnten ansonsten zu einer Reizung seiner Schleimhäute führen. Um die Flöhe auch aus dem Hundefell zu entfernen, finden einfache Spot-Ons Anwendung, die Du ebenfalls beim Tierarzt, im Fachhandel oder im Internet erwerben kannst. Das flüssige Präparat träufelst Du der Englischen Bulldogge in den Nacken, wo sich für sie keine Chance ergibt, es abzulecken.

Innerhalb von 24 Stunden besteht die Möglichkeit, dass sich der Vierbeiner vermehrt kratzt, da sich das Präparat auf der Haut verteilt. Nach spätestens 48 Stunden verfügt das Haustier dafür über einen wirksamen Schutz gegen die Parasiten, der in der Regel über einen Zeitraum von vierzehn Tagen anhält. Schlüpft in den zwei Wochen eine neue Flohpopulation, könnte es zu einem erneuten Befall kommen. Daher solltest Du die Spot-On-Behandlung ein weiteres Mal wiederholen. Welches Präparat der Bully ohne Probleme verträgt, erfährst Du durch das Ausprobieren. Zusätzlich unterstützt Dich eine Beratung bei einem Tierarzt unter Umständen bei der Entscheidung. Um weitere Infektionen von Deiner Englischen Bulldogge fernzuhalten, solltest Du die jährlichen Impfungen in keinem Fall versäumen. Zu der obligatorischen Pflege des Vierbeiners zählen demnach die Schutzimpfungen gegen:

- Hepatitis,
- Staupe,
- Leptospirose,
- Zwingerhusten,

Gesundheits-Utensilien

Für die artgerechte Pflege Deiner Englischen Bulldogge benötigst Du mehrere Utensilien, die Du stets zur Hand haben solltest. Zu den wichtigsten Dingen zählen:

- Naturhaarstriegel oder alternativ der Noppenhandschuh
- flüssige Ohrreiniger von einem Tierarzt
- feuchte Reinigungstücher für die Augen Deines Bullys
- Hundezahnbürste sowie die richtige Zahnpasta
- Kauknochen aus Rinderhaut für die weitere Zahnpflege
- Krallenschere
- Melkfett, Vaseline oder Hirschtalg, um die Ballen einzucremen
- Zeckenzange oder Zeckenkarte

Bully Bild 125 thamkc ©123RF.com

- Tollwut
- und Parvovirose.

Des Weiteren spielen die regelmäßigen Entwurmungen eine wesentliche Rolle. Auch zu dem Zweck findest Du entsprechende Spot-Ons, welche die Würmer innerhalb des Hundekörpers abtöten. Danach scheidet die Englische Bulldogge die lästigen Endoparasiten über den After aus.

Bemerkst Du an Deinem Bully eine Zecke, solltest Du diese frühzeitig mit einer Zeckenzange entfernen, damit sie keine Borreliose-Erreger auf das Tier überträgt. Zecken übertragen die Erreger nicht sofort, deshalb gilt es den Hund nach jedem Aufenthalt im Freien nach Zecken abzusuchen.
Damit die Englische Bulldogge gesund bleibt, erhält die Vorsorge einen hohen Stellenwert. Zu den nötigen Maßnahmen zählt die Entwurmung, die Du bei Deinem Haustier vierteljährlich durchführen solltest. Zu dem Zweck kannst Du Dir beim Tierarzt, im Internet oder in einem Fachgeschäft ein Spot-On-Präparat besorgen, das gegen verschiedene Wurmarten hilft.
Wurmkuren helfen bei einem akuten Befall mit den lästigen Parasiten und stellen gleichzeitig eine nützliche Prophylaxe dar. Zu den häufigsten Wurmarten gehören die Band-, Spul- sowie die Rundwürmer. Des Weiteren besteht die Möglichkeit, dass sich der Bully mit Peitschen- oder Hakenwürmern infiziert. Befinden sich die Schädlinge bereits im Darm Deines Haustiers, erkennst Du dies an verschiedenen Symptomen.

Beispielsweise bemerkst Du in dem Kot des Bullys weiße Rückstände, bei denen es sich um abgestoßene Glieder der Würmer handelt. Zusätzlich leiden die Rassehunde bei einem Wurmbefall zeitgleich an Durchfall oder einer gestörten Verdauung. Daher kann bereits ein verändertes Verhalten auf eine Infektion des besten Freundes des Menschen hinweisen.
Größere Parasiten tragen Würmer in sich und infizieren die Englische Bulldogge.

Impfungen

in der sechsten Lebenswoche: Parvovirose-Impfung (vorwiegend bei gefährdeten Welpen)

in der achten Woche: Hepatitis c.c. (HCC), Parvovirose, Staupe, Leptospirose

in der zwölften Lebenswoche: Hepatitis c.c. (HCC), Tollwut, Staupe, Leptospirose, Parvovirose

in der 16. Woche: Hepatitis c.c. (HCC), Staupe, Tollwut, Parvovirose mit einer Nachimpfung im 15. Lebensmonat

alle 3 Jahre: Impf-Auffrischung

Die Impfung gegen Zwingerhusten erfolgt individuell

Leidet Dein Hund an einem Flohbefall, solltest Du daher neben dem Floh-Spot-On ein zusätzliches Präparat gegen Würmer erwerben.
Auf die Weise schützt Du den Vierbeiner vor den gesundheitlichen Folgen. Wie die Mittel gegen Flöhe töten die Wurm-Spot-Ons nicht sämtliche Parasiten bei der ersten Anwendung ab. Daher empfiehlt es sich, die Kur vierzehn Tage nach dem ersten Gebrauch zu wiederholen. Neben der Entwurmung stehen die relevanten Impfungen im Vordergrund.

Bully Bild 126 Cole123RF ©123RF.com

Hierbei spielen vorwiegend Zecken und Flöhe als Überträger eine Rolle.

Charakteristische Bully-Krankheiten

Bereits an der äußeren Erscheinung der Englischen Bulldogge kannst Du erkennen, dass die Rasse einige Veränderungen aufgrund der Züchtung aufweist. Neben der flachen Nase stehen hierbei beispielsweise die kräftigen Muskeln und die kleinen Ohren im Fokus.

Jedoch führten die Überzüchtungen zu einer starken Anfälligkeit gegenüber Krankheiten.

In der freien Natur stellt ein erkrankter und damit schwacher Hund eine leichte Beute dar, daher neigen die Vierbeiner dazu, keine Schwäche zu zeigen. Aus dem Grund bemerkst Du eine Vielzahl von Symptomen – beispielsweise Schmerzen, unter denen der Bully leidet – erst spät.

Die Kenntnis der physiologischen Daten des Hundes erhält in dem Fall Priorität:
· Durchschnittliche Körpertemperatur: 38 bis 39 Grad Celsius, bei Welpen 39,9 Grad Celsius,
· Atemfrequenz: 30 bis 50 Atemzüge pro Minute,
· Puls: 90 bis 120 Schläge pro Minute,
· Zustand der Schleimhaut: glatt, feucht und glänzend, rosafarben.

Die Englischen Bulldoggen leiden aufgrund ihrer kurzen Nase in vielen Fällen an Atembeschwerden. Beispielsweise bemerkst Du das Phänomen, wenn Dein Haustier schläft und während des Ruhens röchelt oder laut schnarcht. Hierbei stellt das Schnarchen keine direkte Krankheit dar, jedoch weist es auf einen anatomischen Defekt des Vierbeiners hin. Bei diesem handelt es sich um verlängerte Gaumensegel, die ebenfalls zu der erschwerten Atmung beitragen.
Eine weitere charakteristische Erkrankung bei den Vertretern der Art stellt der Nickhautdrüsen-Vorfall dar. Das Synonym für die das Auge betreffende Komplikation lautet Kirschauge, da die weiße Schicht des Augapfels eine rote Färbung annimmt. Der Grund besteht in einem Vorfall der Nickhaut, einem Teil des Auges, das Hunde und Katzen gleichermaßen besitzen. Fällt diese vor den inneren Augenwinkel und lässt sich aufgrund der Störung nicht zurückschieben, kommt es zu einer Schwächung der Bindehaut im Bereich des Auges. In dem Fall sammelt sich innerhalb der Augenflüssigkeit Blut und beim Hund entsteht eine rote Färbung um die Iris herum. Hierbei führt vorwiegend die durch die Nickhaut blockierte Drüse zu einem Blutstau. In der Folge schwillt das betroffene Auge der Englischen Bulldogge an. Um das Problem zu beheben, eignet sich in der Regel ein chirurgischer Eingriff, bei dem der behandelnde Arzt die Nickhaut

verschiebt.

Die Komplikation mit der Nickhaut tretten bei der speziellen Hunderasse im Welpen-Alter auf. Zusätzlich besteht die Möglichkeit, dass die blockierte Nickhaut auf eine Infektion hinweist. Sobald Du bemerkst, dass Dein tierischer Begleiter sein Auge nicht öffnet oder vermehrt den Kopf schüttelt, solltest Du ihn einer ersten Untersuchung unterziehen. Erkennst Du dabei eine Verfärbung der Augenflüssigkeit, steht ein Besuch beim Tierarzt im Mittelpunkt, um schlimmere Folgen für den Bully zu vermeiden.

Eine weitere Komplikation, welche die Augen des Hundes betrifft, stellt das Entropium dar. Hierbei rollt sich der freie Lidrand der Englischen Bulldogge nach innen ein. Das bedeutet,
mt, wodurch eine Beeinträchtigung der
Die Haare reiben über den Augapfel und rufen Irritationen hervor.

Bully Bild 127 Cole123RF ©123RF.com

Durch das stetige Reiben der Härchen über den Augapfel kommt es jedoch schnell zu einem unangenehmen Jucken und Brennen. Tränt das Auge Deines Haustiers, könnte dies ein Hinweis auf das Entropium darstellen. Des Weiteren solltest Du darauf achten, ob der Bully vermehrt den Kopf schüttelt oder mit der Pfote über sein Gesicht reibt.

Bereits bei einem starken Blinzeln Deines tierischen Mitbewohners hilft es, einen aufmerksamen Blick in die Augen der Englischen Bulldogge zu werfen. Auf diese Weise erkennst Du frühzeitig, ob eine Rötung im Bereich des Augapfels auftritt. Das Entropium führt durch die andauernde Reizung im schlimmsten Fall zu einem Loch in der Hornhaut.

Daraus resultiert eine eingeschränkte Sehfähigkeit des vierbeinigen Patienten. Ohne eine zeitnahe Behandlung zieht die gesundheitliche Komplikation ernsthafte Folgen nach sich. Beispielsweise droht der Englischen Bulldogge der Verlust ihres Auges. Um das zu vermeiden, solltest Du zweimal jährliche eine Vorsorge-Untersuchung mit Deinem

Gefährten absolvieren. Hierbei kommt es darauf an, dass der Tierarzt die Augen des Hundes auf mögliche Schäden untersucht.

Neben dem Entropium existiert bei den Englischen Bulldoggen das Krankheitsbild des Ektropiums. In dem Fall rollt sich der freie Lidrand nicht nach innen. Stattdessen wölbt sich vorwiegend das obere Lid des Vierbeiners nach außen, wodurch der Eindruck eines Hängelieds entsteht. Ebenso wie beim Entropium droht dem besten Freund des Menschen durch das Phänomen eine gereizte und dadurch gestörte Bindehaut. Bleibt der Zustand des Auges über einen längeren Zeitraum bestehen, artet die Reizung im schlimmsten Fall zu einer Entzündung der Hornhaut aus. Erhält die Englische Bulldogge keine medizinische Behandlung, droht die Erblindung des betroffenen Auges.

Durch eine chirurgische Korrektur existiert die Option, das Lid des Hundes in seine ursprüngliche Position zu bringen. Interessierst Du Dich dafür, einer entzündeten Hornhaut vorzubeugen, solltest Du die Augen Deines Bullys regelmäßig auf Auffälligkeiten untersuchen. Sobald eine untypische Veränderung auftritt, besteht die Notwendigkeit, sie zu beobachten und im Bedarfsfall einem Veterinär vorzustellen. Auf die Weise gelingt es Dir, eine Reizung im Bereich des Augapfels frühzeitig zu identifizieren. Aufgrund ihres charakteristischen Aussehens leiden die Englischen Bulldoggen vorwiegend im Erwachsenen-Alter an massiven Atemproblemen. Dabei spielen das Gewicht und der gesundheitliche Zustand des Vierbeiners eine tragende Rolle für seine Atmung. Verfügen die Tiere über ein normales Körpergewicht und eine ausreichende Kondition, stellen die verkürzten Atemwege nicht in jedem Fall eine Schwierigkeit dar. Jedoch bekommen vorrangig die beleibteren Vertreter dieser Art schlechter Luft.

Bully Bild 131 adogslifephoto ©123RF.com

Aus den kurzen Schnauzen der Englischen Bulldoggen resultieren die verkürzten Atemwege, die für eine schlechter gefilterte Luft Verantwortung tragen. Das bedeutet, dass sich in der eingeatmeten Luft des Bullys vermehrt Fremdkörper und Staub befinden, die zu einer Verschleimung beitragen können. Hierbei bildet sich das Sekret durch die Fremdstoffe, die mit der Luft in den Organismus des Englischen Rassehundes dringen. Des Weiteren besitzt die Vielzahl der vierbeinigen Patienten eine Verlängerung des weichen Gaumens. Dadurch ist der Hund empfänglich gegenüber Schmutzpartikeln, die später in die Lunge des Bullys landen. Jedoch stellt die kurze Nase nicht den einzigen Grund für die Atemprobleme der Englischen Bulldogge dar. Gleichermaßen besitzt das Tier lange Gaumensegel, die ihm vorwiegend beim Hecheln die Luftzufuhr erschweren.
Hierbei versperren die Gaumensegel den Kehlkopf Deines Haustiers, wodurch sich Speichel in seinem Mundraum sammelt. Der Schleim verteilt sich in dem gesamten Maul des Vierbeiners und blockiert die oberen Atemwege. Dadurch bekommt der beste Freund des Menschen beim Einatmen durch die Nase weniger Luft. Die Atemlosigkeit verstärkt sich bei den betroffenen Hunden durch das zunehmende Hecheln. Bei einigen Vertretern der Rasse kommt es zu einer zusätzlichen Verschlimmerung der Komplikation. Sie leiden an einer "Wulstzunge", die gleichermaßen die Strömung der eingeatmeten Luft hemmt. Leidet Dein Haustier daran, hechelt es im Regelfall mit der aufgerollten Zunge im Maul. Ein weiterer negativer Effekt besteht bei der Problematik darin, dass das Organ keine kühlende Wirkung für die Englische Bulldogge einnimmt.

Bully Bild 132 isselee ©123RF.com

Schließlich gilt die Zunge der Hunde speziell in heißen Tagen als nützliche Kühlung. Fällt der Effekt aus, erhitzt sich der Körper Deines tierischen Begleiters. Die aus Großbritannien stammenden Rassehunde leiden ebenfalls aufgrund ihrer Züchtung an einer starken Hitze-Empfindlichkeit.

Kommt es zusätzlich aus anderen Gründen zu einer erhöhten Körpertemperatur, droht dem Bully eine schwerwiegende gesundheitliche Komplikation. Beispielsweise könnte der beste Freund des Menschen einen Hitzschlag erleiden. Dieses Phänomen tritt ausschließlich an heißen Tagen oder nach einer großen körperlichen Anstrengung des Rassehundes auf. Bekommt die Englische Bulldogge beispielsweise bei einem Spaziergang bei sommerlicher Hitze keine Möglichkeit, sich abzukühlen, resultiert aus der Erwärmung ein Zusammenbruch des Kreislaufs.

Sobald der Hund die zunehmende Körpertemperatur wahrnimmt, reagiert er darauf, indem er verstärkt hechelt, um sich abzukühlen.

Dabei führt die übermäßige Atmung zu einer erhöhten Aufnahme von Sauerstoff, wodurch es zu einer Sauerstoff-Übersättigung im Blut kommt. Im schlimmsten Fall driftet die Englische Bulldogge hierbei in eine Bewusstlosigkeit ab. Tritt durch das verstärkte Hecheln zudem ein Reiz-Ödem innerhalb des Kehlkopfs auf, kann es zu gefährlichen Folgen für Dein Haustier kommen. Beispielsweise besteht die Möglichkeit, dass der Bully aufgrund der erschwerten Atmung stirbt. Damit es nicht zu dem schlimmen Erlebnis kommt, solltest Du den gesundheitlichen Zustand Deines Hundes vorrangig an heißen Tagen im Auge behalten. Bullys vertragen Hitze in der Regel nur schlecht, sodass sie schnell unter den hohen Temperaturen leiden. Bemerkst Du die ersten Anzeichen für einen Hitzschlag – also vermehrtes Hecheln oder eine zunehmende Apathie – stehen die vorbeugenden Maßnahmen im Mittelpunkt. Zunächst benötigt die Englische Bulldogge beim Verdacht auf einen Hitzschlag ausreichend frische Luft. Hierbei hilft es, dem Hund kühle Luft zuzufächeln oder ihn an einen schattigen Ort im Freien zu bringen. In keinem Fall solltest Du den Vierbeiner erneut der Sonne und damit der Hitze aussetzen.

Bully Bild 151 >cole123rf ©123RF.com

Glaubst Du, dass sich die Atmung des Hund normalisiert, besteht für Dich die Option, das Maul des Bullys zu befeuchten. Diese Maßnahme erhält Priorität, um dem tierischen Patienten das Schlucken und das Atmen zu erleichtern.

Um die Mundschleimhäute Deines Hundes zu kühlen, kannst Du ihm vorsichtig frisches Wasser zwischen die Lippen träufeln. Hierbei eignen sich kleinere Mengen, damit sich die Englische Bulldogge nicht verschluckt.
Mischst Du gleichzeitig einen Spritzer Zitronensaft in das kühle Nass, sorgst Du dafür, dass sich Verschleimungen im Bereich des Kehlkopfs lösen. Ebenso verfügt die Säure der Zitronen über einen desinfizierenden Effekt, der die Bildung eines Ödems verhindert. Verträgt der Vierbeiner die ersten Wassertropfen ohne Probleme, solltest Du ihm genügend Trinkwasser zur Verfügung stellen.
Kalte Flüssigkeit reizt unter Umständen den empfindlichen Magen Deines Bullys daher bewährt es sich, deinem Hund lauwarmes Wasser vorzusetzen.
Du solltest ihm das Getränk mehrmals anbieten und die Flüssigkeit bei Bedarf auswechseln.

Trinkt die Englische Bulldogge nicht selbstständig, kannst Du ihr vorsichtig die Lippen mit einigen Wassertropfen bestreichen.

Schleckt das Tier das Wasser mit der Zunge ab, lockst Du es auf diese Weise zu der klaren Flüssigkeit. Verabreichst Du dem Patienten ausreichend kühles Nass, beugst Du einer Dehydrierung vor. Zudem kommt es darauf an, den Körper des überhitzten Vierbeiners abzukühlen. Zu dem Zweck eignen sich beispielsweise kalte Umschläge, welche Du Deinem Gefährten auf den Kopf legst und um den Nacken wickelst.
Bemerkst Du, dass sich der Zustand trotz der Maßnahmen nicht verbessert, solltest Du einen Tierarzt aufsuchen.

Bully Bild 154 razoomgames ©123RF.com

Durch mehrere Untersuchungen stellt dieser sicher, dass dem Bully keine schwerwiegenden Schäden entstehen. Es bietet sich an, einem Hitzschlag vorzubeugen. Hierfür stellst Du Deinem tierischen Gefährten bei warmem Wetter zusätzliche Wasserschüsseln an seine beliebten Ruhe-Orte. Auf diese Weise gelangt die Englische Bulldogge ohne Probleme an eine Abkühlung.

Zudem lohnt es sich, anstrengende Spiele und Spaziergänge auf die kühlen Stunden im Morgengrauen oder am Abend zu verschieben. Während der größten Hitze am Mittag solltest Du Deinen Bully nicht ohne ausreichend Schattenplätze, an die er sich zurückziehen kann, nach draußen lassen. Verschläft der Rassehund die warmen Stunden, steht ebenfalls ein kühler Aufenthaltsort im Fokus, um eine Überhitzung zu vermeiden. Damit Du im Fall der Fälle schnell auf eine gesundheitliche Komplikation Deines Hundes reagieren kannst, solltest Du eine Notfall-Ausrüstung in der Wohnung aufbewahren.

Bild 152 lecaroc ©123RF.com

In die entsprechende Notfall- Tasche gehören beispielsweise elastische Mullbinden und Gaze, falls sich der Vierbeiner beim Spielen und Toben verletzt. Des Weiteren eignet sich Watte, um eine blutende Wunde schnell zu verschließen. Neben den Verbänden spielen eine Pflasterrolle und selbstklebende Pflaster eine wesentliche Rolle.

Befindet sich in einer offenen Wunde des Bullys Schmutz, solltest Du diesen vorsichtig entfernen. Danach unterstützt ein Desinfektionsmittel die Heilung der Verletzung und verhindert gleichzeitig, dass sich Entzündungen aufgrund von Fremdkörpern bilden. Es empfiehlt sich, die Englische Bulldogge festzuhalten, wenn Du ihre Wunde mit dem Desinfektionsmittel besprühst, da das Mittel zu einem unangenehmen Brennen führt. Alternativ eignet sich antiseptisches Puder, um eine blutende Verletzung ausreichend zu versorgen. Neben einer Heparinsalbe gehören in die Notfalltasche Antihistamin- und Brandsalben. Ebenso zeigt sich ein Brandwunden-Tuch von Nutzen, um eine Verbrennung der Englischen Bulldogge zeitnah zu behandeln. Möchtest Du die Körpertemperatur Deines Vierbeiners im Auge behalten, solltest Du ein digitales Fieberthermometer in das Notfallset packen.

Gehst Du mit Deinem Hund auf Reisen, eignet sich statt der Notfall-Tasche eine kleinere Reise-Apotheke für die Englische Bulldogge.

In dem jeweiligen Koffer sollten sich folgende Utensilien befinden:

- Arznei gegen Durchfall und Reisekrankheit
- Wundspray oder Desinfektionsmittel,
- Zeckenset oder eine Zeckenzange,
- ein Spot-On gehen Flöhe und Läuse,
- Ohren- und Augentropfen,
- Verbandsmaterial und feste Gaze,
- ein Fieberthermometer
- Pfotenschutz-Schuh

timurock ©123RF.com

Mitwirkende/Freunde/Züchter

Bulldoggen von der Landeskrone
Kerstin Schmidpeter
02826 Görlitz
kerstin-s@web.de

Futurebulldogs
Rene & Susann Leuschner
E-Mail: info@futurebulldogs.de
futurebulldogs.de
27386 Bothel

Tierische Helden - Tiermagazin
Redaktionsleitung:
M. Foerster
02827 Görlitz
www.tierischehelden.de

Dragonfly Bulldogs
Ana und Holger Luckas
Am Köhlerpfad 49
52249 Eschweiler
www.oldeenglishbulldogge.eu

weitere Mitwirkende:
Ferdinand von Reukewitz
Andreas Schmidpeter
Dr. Jerzy Zaręba
Ernst Anthofer, Petra Bartholome

Interessantes und Nützliches zur Englischen Bulldogge im Internet

www.englische-bulldogge-freunde.de
www.fraulehmann.com
www.sweet-devil-dogs.de
www.englische-bulldoge.de

Magazine:

www.ferien-mit-hund.de
www.tierischehelden.de
www.partner-hund.de
www.hundefinder.de/hundeschulen

Forum:
www.englischebulldogge.de
www.kampfschmuser.de

Nützliche Links und Adressen

Um Dir die Aufzucht Deiner Englischen Bulldogge zu erleichtern, stehen Dir hilfreiche Verbände mit Rat und Tat zur Seite. Damit Du eine Übersicht der wichtigsten Adressen und Links erhältst, folgt hier eine kurze Auflistung:

Rassezuchtvereine in Deutschland
Derzeit befindet sich in Deutschland kein Englischer-Bulldoggen-Rasseverein, der über einen Eintrag in der VDH verfügt. Um rassespezifische Informationen und Auskünfte über seriöse Züchter zu erhalten, solltest Du Dich direkt an den Verband für das Deutsche Hundewesen (VDH) wenden.

Deutschsprachige Kynologen-Verbände
Verband für das Deutsche Hundewesen (VDH)
Geschäftsstelle: Westfalendamm 174
D-44141 Dortmund
Telefon: 0231-56500-0
Web: www.vdh.de

Rassezuchtvereine in Österreich
Österreichischer Bulldog-Klub
Susanne Russwurm
(Welpenvermittlung)
Weissenböckstraße 4 / 33 / 1
A-1110 Wien
Telefon: 0043-01-7672947
Web: www.bulldog.or.at

Rassezuchtvereine in der Schweiz
Schweizer Club für English Bulldogs
Präsident: Anton-Andreas Bellwald
Postfach 211
CH-4142 Münchenstein 3
Telefon: 0041-0796225469
Web:www.bulldog.ch

Österreichischer Kynologen-Verband (ÖKV)
Geschäftsstelle: Siegfried-Marcus-Straße 7
A-2362 Biedermannsdorf
Telefon: 0043-02236-710667
Fax: 0043-002236-710667-30
Web: www.oekv.at

Schweizerische Kynologische Gesellschaft (SKG)
Geschäftsstelle: Brunnmattsstraße 24
CH-3007 Bern
Telefon: 0041-031-3066262
Fax: 0041-031-3066260
Web: www.hundeweb.org

Verschiedene Haustierregister
Deutscher Tierschutzbund e.V.
Geschäftstelle: Baumschulallee 15
D-53115 Bonn
Telefon: 0228-604960
Fax: 0228-6049640
Web: www.tierschutzbund.de

TASSO e.V.
Geschäftsstelle: Haustier-Zentralregister
Frankfurter Straße 20
D-65795 Hattersheim
Telefon: 06190-937300
Fax: 06190-937400
Web: www.tiernotruf.org

Internationale Zentrale Tierregistrierung (IFTA)
Geschäftsstelle: Nördliche Ringstraße 10
D-91126 Schwabach
Telefon: 00800-43820000
Fax: 09122-8851989
Web: www.toerregistrierung.de

Bully Bild 20 ecuadorpostales ©123RF.com

23941526R00081

Printed in Poland
by Amazon Fulfillment
Poland Sp. z o.o., Wrocław